“一带一路” 营商环境法治保障系列

赵旭东 总主编

李建伟 朱晓娟 吴高臣 副总主编

中国商事法律制度

吴高臣 主编 孔 静 副主编

中国民主法制出版社

图书在版编目(CIP)数据

中国商事法律制度/吴高臣主编．—北京：中国民主法制出版社，2019.11

(“一带一路”营商环境法治保障系列)

ISBN 978-7-5162-2085-6

Ⅰ.①中…　Ⅱ.①吴…　Ⅲ.①工商行政管理—体制改革—研究—中国　Ⅳ.①F123.82

中国版本图书馆 CIP 数据核字(2019)第 197417 号

图书出品人：刘海涛
出 版 统 筹：乔先彪
责 任 编 辑：陈　曦　许泽荣

书名/中国商事法律制度
ZHONGGUOSHANGSHIFALÜZHIDU
作者/吴高臣　主编
孔　静　副主编

出版·发行/中国民主法制出版社
地址/北京市丰台区右安门外玉林里 7 号(100069)
电话/(010)63055259(总编室)　63057714(发行部)
传真/(010)63056975　63056983
http://www.npcpub.com
E-mail:mzfz@npcpub.com
经销/新华书店
开本/16 开　787 毫米×960 毫米
印张/13.25　**字数**/195 千字
版本/2020 年 1 月第 1 版　2020 年 1 月第 1 次印刷
印刷/北京天宇万达印刷有限公司

书号/ISBN 978-7-5162-2085-6
定价/48.00 元

◉ 总序

习近平总书记在2013年提出建设“丝绸之路经济带”和“21世纪海上丝绸之路”的构想，五年多来，在各参与方的共同努力下，“一带一路”倡议从理念转化为行动，从愿景转变为现实，构建起了各自优势互补、彼此互联互通的国际合作平台。

党的十九大报告指出，要以“一带一路”建设为重点，坚持“引进来”和“走出去”并重，加强创新能力开放合作，形成陆海内外联动、东西双向互济的开放格局。同时，党的十九大通过修改的党章明确指出：遵循共商共建共享原则，推进“一带一路”建设。推进“一带一路”建设写入党章，必将为新时代共建“一带一路”，共建人类命运共同体进一步指明方向，注入强劲动力。

随着我国“一带一路”建设的深入推进，营造互信互通的法治营商环境，为投资贸易合作方提供全面周到的法律支持，切实维护中外当事人的合法权益便提上了日程。因此，为了增进“一带一路”建设沿线各国的彼此沟通，积极建立成员方统一认知和公正高效的司法保障体系，切实保障“一带一路”建设成果的不断扩大，我们推出了《“一带一路”营商环境法治保障系列》图书。

本系列图书构建了“一带一路”法治保障服务体系，主要介绍了投资贸易、产业合作、公正司法、纠纷解决、劳工保护等领域的法律制度，从而以保护中外当事人合法权益，维护公平竞争、诚实守信、和谐共赢的区域合作大环境。本系列图书体例科学，通俗易懂，旨在加强中国与“一带一路”沿线国家的“政策沟通”和“法治互信”，通过向国际社会展示我国法律制度的建设成就，以此提升我国法律的国际影响力。

《“一带一路”营商环境法治保障系列》图书作为“一带一路”建设的法治保障参考适用读物，旨在为沿线各国加强法律制度的交流互鉴，旨在全面落实我国“一带一路”建设的任务要求，全面构建“一带一路”建设中的法治保障体系，以便全球共享“一带一路”的建设成果。

赵旭东*
2019年8月

* 赵旭东，中国法学会商法学研究会会长，中国政法大学教授。

目　录

第一章

中国商事法律制度概述

商法，又称商事法，是以商事关系为调整对象的法律规范的总称。在经济全球化的趋势下，加上中国“一带一路”政策的推动，各国加强了商业往来发展，世界各国了解中国商事法律制度的需求也越来越大。中国是成文法国家，在改革开放后，为了适应经济的发展，开始制定大量的商事法律制度。1992 年中国共产党第十四届三中全会确立了中国实行社会主义市场经济，并强调了法制建设的重要性，由此，中国商事立法加快发展并相继颁布了一系列商事相关法律制度。中国现行有效的商事法律主要包括：《中华人民共和国公司法》《中华人民共和国合伙企业法》《中华人民共和国个人独资企业法》《中华人民共和国外商投资法》《中华人民共和国企业破产法》《中华人民共和国票据法》《中华人民共和国信托法》等。这些商事法律制度的颁布以及后来的修订，标志着中国商法的逐步建立和日趋完善。

由于历史原因和近代中国政治的影响，中国现行商事立法呈现出商事法域多样性的特点，形成了不同地域具有独立立法体例与适用范围的商法域格局，它包括：（1）由中国内地立法机关制定并在中国内地适用或根据有关规定具有域外适用力、以单行的商事法律为表现形式的中国内地商法域；（2）由中国台湾地区立法机关制定并在中国台湾地区适用、采用相对式民商合一的模式、以单行的商事法律为主要表现形式的中国台湾地区商法域；（3）以判例法和制定法为形式、在中国香港特别行政区适用的中国香港特别行政区商法域；（4）采用民商分立的立法模式，以《澳门商法典》为主要商事法律形式、在中国澳门特别行政区适用的中国澳门特别行政区商法域。

以下所介绍的中国商事法律制度，如无特别说明，一般仅指中国内地商法域。

第二章

个人独资企业法律制度

第一节　个人独资企业法律制度概述

【规则要点】

中国所称的个人独资企业，是指依照法律规定在中国境内设立，由一个自然人投资，财产为投资人个人所有，投资人以其个人财产对企业债务承担无限责任的经营实体。为了规范个人独资企业的行为，保护个人独资企业投资人和债权人的合法权益，维护社会经济秩序，促进社会主义市场经济的发展，根据宪法，全国人民代表大会常务委员会于 1999 年 8 月 30 日审议通过了个人独资企业法。

【理解与适用】

个人独资企业的业主集所有者和经营者于一体，对企业债务承担无限责任。个人独资企业资本少、规模小、产权关系简单，具有商业信誉好、政府干预和管制少、经营灵活、决策迅速和产权转让较为自由等特点，能适应生产社会化程度较低、规模较小的市场活动。尽管它在国民经济中的份额较小，但却是个人就业最为便利的企业形式选择。

个人独资企业法是调整个人独资企业法律关系的基本法，它与其后要介绍的合伙企业法、公司法共同构成市场主体法律的基本框架。制定个人独资企业法，赋予个人独资企业市场主体法律地位，是中国改革开放不断深化的必然结果。个人独资企业法的实施，标志着中国由公司、合伙企业、个人独资企业等组成的现代企业结构的确立。

【法条指引】

中华人民共和国个人独资企业法（节录）

第一条 为了规范个人独资企业的行为，保护个人独资企业投资人和债权人的合法权益，维护社会经济秩序，促进社会主义市场经济的发展，根据宪法，制定本法。

第二条 本法所称个人独资企业，是指依照本法在中国境内设立，由一个自然人投资，财产为投资人个人所有，投资人以其个人财产对企业债务承担无限责任的经营实体。

第二节 个人独资企业的设立

【规则要点】

个人独资企业必须具备法定条件、依据法律规定的程序进行设立和登记。

【理解与适用】

一、设立条件

设立个人独资企业应当具备下列条件：

1. 投资人为一个自然人；
2. 有合法的企业名称；
3. 有投资人申报的出资；
4. 有固定的生产经营场所和必要的生产经营条件；
5. 有必要的从业人员。

二、设立程序

个人独资企业的设立程序大体分为申请、审查、签发营业执照、注册公告四个环节。申请设立个人独资企业，应当由投资人或者其委托的代理人向个人独资企业所在地的登记机关提交设立申请书、投资人身份证明、生产经营场所使用证明等文件。委托代理人申请设立登记时，应当出具投资人的委托书和代理人的合法证明。

个人独资企业设立申请书应当载明下列事项：

1. 企业的名称和住所；
2. 投资人的姓名和居所；
3. 投资人的出资额和出资方式；
4. 经营范围。

其中，个人独资企业的名称应当与其责任形式及从事的营业相符合、个人独资企业的主要办事机构所在地为其住所地。个人独资企业不得从事法律、行政法规禁止经营的业务；从事法律、行政法规规定须报经有关部门审批的业务，应当在申请设立登记时提交有关部门的批准文件。如果提交虚假文件或采取其他欺骗手段，取得企业登记的，责令改正，处以5000元以下的罚款；情节严重的，并处吊销营业执照。个人独资企业使用的名称与其在登记机关登记的名称不相符合的，责令限期改正，处以2000元以下的罚款。

登记机关应当在收到设立申请文件之日起15日内，对符合条件的企业予以登记，发给营业执照；对不符合条件的，不予登记，并应当给予书面答复，说明理由。个人独资企业营业执照的签发日期，为个人独资企业成立日期。

在领取营业执照前，投资人不得以个人独资企业名义从事经营活动。如果未领取营业执照，以个人独资企业名义从事经营活动的，责令停止经营活动，处以3000元以下的罚款。个人独资企业成立后无正当理由超过6个月未开业的，或者开业后自行停业连续6个月以上的，吊销营业执照。如有涂改、出租、转让营业执照情形的，责令改正，没收违法所得并处以3000元以下的罚款；情节严重的，吊销营业执照。伪造营业执照的，责令停业，没收违法所得，处以5000元以下的罚款。构成犯罪的，依法追究刑事责任。

个人独资企业可以根据经营活动的需要设立分支机构，并由投资人或者其委托的代理人向分支机构所在地的登记机关申请登记，领取营业执照。分支机构经核准登记后，应将登记情况报该分支机构隶属的个人独资企业的登记机关备案。分支机构的民事责任由设立该分支机构的个人独资企业承担。

登记机关对不符合规定条件的个人独资企业予以登记，或者对符合规定条件的企业不予登记的，对直接责任人员依法给予行政处分；构成犯罪的，依法追究刑事责任。登记机关的上级部门的有关主管人员强令登记机关对不符合规定条件的企业予以登记，或者对符合规定条件的企业不予登记的，或者对登记机关的违法登记行为进行包庇的，对直接责任人员依法给予行政处分；构成犯罪的，依法追究刑事责任。登记机关对符合法定条件的申请不予登记或者超过法定时限不予答复的，当事人可依法申请行政复议或提起行政诉讼。

【法条指引】

中华人民共和国个人独资企业法（节录）

第八条 设立个人独资企业应当具备下列条件：

（一）投资人为一个自然人；

（二）有合法的企业名称；

（三）有投资人申报的出资；

（四）有固定的生产经营场所和必要的生产经营条件；

（五）有必要的从业人员。

第九条 申请设立个人独资企业，应当由投资人或者其委托的代理人向个人独资企业所在地的登记机关提交设立申请书、投资人身份证明、生产经营场所使用证明等文件。委托代理人申请设立登记时，应当出具投资人的委托书和代理人的合法证明。

个人独资企业不得从事法律、行政法规禁止经营的业务；从事法律、行政法规规定须报经有关部门审批的业务，应当在申请设立登记时提交有关部门的批准文件。

第十条　个人独资企业设立申请书应当载明下列事项：

（一）企业的名称和住所；

（二）投资人的姓名和居所；

（三）投资人的出资额和出资方式；

（四）经营范围。

第十二条　登记机关应当在收到设立申请文件之日起十五日内，对符合本法规定条件的，予以登记，发给营业执照；对不符合本法规定条件的，不予登记，并应当给予书面答复，说明理由。

第十三条　个人独资企业的营业执照的签发日期，为个人独资企业成立日期。

在领取个人独资企业营业执照前，投资人不得以个人独资企业名义从事经营活动。

第三节　个人独资企业的变更

【规则要点】

个人独资企业的变更包括企业的合并、分立、转让、迁移和主要登记事项等。个人独资企业的变更应当办理变更登记或者重新登记。

【理解与适用】

个人独资企业的变更包括企业的合并、分立、转让、迁移和主要登记事项等的改变。

1. 个人独资企业的分立、合并。因分立、合并而保留的企业应当办理变更登记，新办的企业应当办理开业登记，终止的企业应当办理注销登记。

2. 个人独资企业的转让，是指企业主将企业的所有权转让给他人的行为。转让时，转让方应当办理注销登记，受让方应当办理重新登记。

3. 个人独资企业的迁移，是指个人独资企业搬至原登记机关管辖区域之外。个人独资企业迁移应当办理变更登记，由原登记机关收回营业执照及其副本，注销注册号，开出迁移证明。企业凭迁移证明，向新址所在地登记管理机关重新申请名称和注册号，领取营业执照。

4. 个人独资企业主要登记事项的改变，是指企业名称、负责人、经营地址、经营范围、经营方式、企业种类等登记事项的变更。

个人独资企业的变更应当办理变更登记或者重新登记。个人独资企业存续期间登记事项发生变更的，应当在作出变更决定之日起的15日内依法向登记机关申请办理变更登记。个人独资企业登记事项发生变更时，未按规定办理有关变更登记的，责令限期办理变更登记；逾期不办理的，处以2000元以下的罚款。

【法条指引】

中华人民共和国个人独资企业法（节录）

第十五条 个人独资企业存续期间登记事项发生变更的，应当在作出变更决定之日起的十五日内依法向登记机关申请办理变更登记。

第四节 个人独资企业的事务管理

【规则要点】

个人独资企业投资人对本企业的财产依法享有所有权。个人独资企业投资人可以自行管理企业事务，也可以委托或者聘用其他具有民事行为能力的人负责企业的事务管理。

【理解与适用】

一、投资人的权利和责任

个人独资企业投资人对本企业的财产依法享有所有权，其有关权利可以依法进行转让或继承。

由于个人独资企业不具有独立人格，因此个人独资企业法规定投资人以其个人财产对企业债务承担无限责任。同时，个人独资企业投资人在申请企业设立登记时明确以其家庭共有财产作为个人出资的，应当依法以家庭共有财产对企业债务承担无限责任。法律、行政法规禁止从事营利性活动的人，不得作为投资人申请设立个人独资企业。投资人违反规定，应当承担民事赔偿责任和缴纳罚款、罚金，其财产不足以支付的，或者被判处没收财产的，应当先承担民事赔偿责任。

在个人独资企业的事务管理方面，法律规定了以下几种企业管理方式：

1. 自行管理，个人独资企业投资人可以自行管理企业事务；

2. 委托管理，投资人可以委托其他具有民事行为能力的人负责企业的事务管理；

3. 聘任管理，投资人也可以聘任其他具有民事行为能力的人负责企业的事务管理。

投资人委托或者聘用他人管理个人独资企业事务，应当与受托人或者被聘用的人签订书面合同，明确委托的具体内容和授予的权利范围。受托人或者被聘用的人员应当履行诚信、勤勉义务，按照与投资人签订的合同负责个人独资企业的事务管理。投资人对受托人或者被聘用的人员职权的限制，不得对抗善意第三人。

投资人委托或者聘用的人员管理个人独资企业事务应当履行诚信、勤勉义务，不得有下列行为：利用职务上的便利，索取或者收受贿赂；利用职务或者工作上的便利侵占企业财产；挪用企业的资金归个人使用或者借贷给他人；擅自将企业资金以个人名义或者以他人名义开立账户储存；擅自以企业财产提供担保；未经投资人同意，从事与本企业相竞争的业务；未经投资人同意，同本企业订立合同或者进行交易；未经投资人同意，擅自将企业商标或者其他知识产权转让给他人使用；泄露本企业的商业秘密；法律、行政法规禁止的其他行为。若投资人委托或者聘用的人员因此侵犯个人独资企业财产权益的，责令退还侵占的财产；给企业造成损失的，依法承担赔偿责任；有违法所得的，没收违法所得；构成犯罪的，依法追究刑事责任。如果投资人委托或者聘用的人员管理个人独资企业事务时违反双方订立的合同，给投资人造成损害的，应当承担民事赔偿责任。

二、个人独资企业的基本权利

国家依法保障个人独资企业的财产和其他合法权益。具体而言，个人独资企业具有以下权利：

1. 个人独资企业可以依法申请贷款、取得土地使用权，并享有法律、行政法规规定的其他权利；

2. 任何单位和个人不得违反法律、行政法规的规定，以任何方式强制个人独资企业提供财力、物力、人力；对于违法强制提供财力、物力、人力的行为，个人独资企业有权拒绝；

3. 法律、行政法规规定的其他权利。

三、个人独资企业的基本义务

个人独资企业法对个人独资企业的要求主要集中在职工的权益保护方面：

1. 个人独资企业招用职工的，应当依法与职工签订劳动合同，保障职工的劳动安全，按时、足额发放职工工资；

2. 个人独资企业应当按照国家规定参加社会保险，为职工缴纳社会保险费。

个人独资企业违反规定，侵犯职工合法权益，未保障职工劳动安全，不缴纳社会保险费用的，按照有关法律、行政法规予以处罚，并追究有关责任人员的责任。

此外，个人独资企业应当依法履行纳税义务、依法设置会计账簿、进行会计核算等。

【法条指引】

中华人民共和国个人独资企业法（节录）

第十九条 个人独资企业投资人可以自行管理企业事务，也可以委托或者聘用其他具有民事行为能力的人负责企业的事务管理。

投资人委托或者聘用他人管理个人独资企业事务，应当与受托人或者被聘用的人签订书面合同，明确委托的具体内容和授予的权利范围。

受托人或者被聘用的人员应当履行诚信、勤勉义务，按照与投资人签订的合同负责个人独资企业的事务管理。

投资人对受托人或者被聘用的人员职权的限制，不得对抗善意第三人。

第二十一条 个人独资企业应当依法设置会计帐簿，进行会计核算。

第二十二条 个人独资企业招用职工的，应当依法与职工签订劳动合同，保障职工的劳动安全，按时、足额发放职工工资。

第二十三条 个人独资企业应当按照国家规定参加社会保险，为职工缴纳社会保险费。

第二十四条 个人独资企业可以依法申请贷款、取得土地使用权，并享有法律、行政法规规定的其他权利。

第二十五条 任何单位和个人不得违反法律、行政法规的规定，以任何方式强制个人独资企业提供财力、物力、人力；对于违法强制提供财力、物力、人力的行为，个人独资企业有权拒绝。

第五节 个人独资企业的终止

【规则要点】

个人独资企业的终止，是指由于某些法定事由的出现，致使个人独资企业的主体资格归于消灭的过程。个人独资企业的终止包括解散和清算两个阶段，在个人独资企业出现解散事由后依法进行清算。

【理解与适用】

一、个人独资企业的解散

法律规定，个人独资企业有下列情形之一时，应当解散：

1. 投资人决定解散；

2. 投资人死亡或者被宣告死亡，无继承人或者继承人决定放弃继承；

3. 被依法吊销营业执照；

4. 法律、行政法规规定的其他情形。

个人独资企业解散后，原投资人对个人独资企业存续期间的债务仍应承担偿还责任，但债权人在5年内未向债务人提出偿债请求的，该责任消灭。

二、个人独资企业的清算

在个人独资企业出现解散事由后，应当依法进行清算。个人独资企业的清算，由投资人自行进行或者由债权人申请人民法院指定清算人进行。投资人自行清算的，应当在清算前15日内书面通知债权人，无法通知的，应当予以公告。债权人应当在接到通知之日起30日内，未接到通知的应当在公告之日起60日内，向投资人申报其债权。

清算期间，个人独资企业不得开展与清算目的无关的经营活动。在按规定清偿债务前，投资人不得转移、隐匿财产。个人独资企业及其投资人在清算前或清算期间隐匿或转移财产，逃避债务的，应依法追回其财产，并按照有关规定予以处罚；构成犯罪的，依法追究刑事责任。

个人独资企业的财产应当按照下列顺序清偿：

1. 所欠职工工资和社会保险费用；

2. 所欠税款；

3. 其他债务。

清算所产生的费用应预先在个人独资企业的财产中拨付。个人独资企业财产不足以清偿债务的，投资人应当以其个人的其他财产予以清偿。

个人独资企业清算结束后，投资人或者人民法院指定的清算人应当编制清算报告，并于15日内到登记机关办理注销登记。

【风险提示】

在当事人约定合伙经营企业使用合资前个人独资企业营业执照，且实际以合伙方式经营企业的情况下，应据实认定企业的性质。各合伙人共同决定企业的生产经营活动，也应共同对企业生产经营过程中对外所负的债务负责。合伙人故意不将企业的个人独资企业性质据实变更为合伙企业的行为，不应成为各合伙人不承担法律责任的理由。

【相关案例】

双盈公司诉联达机械厂、魏某某等六人买卖合同纠纷二审案

被告魏某某于2005年9月8日登记注册成立个人独资企业即被告联达机械厂，并领有营业执照。后来被告魏某某、蒋某某、卞某及祝某某于2005年12月18日签订合伙合同约定：合伙人魏某某原独资经营的联达机械厂现由魏某某、蒋某某、卞某、祝某某四人共同出资，合伙经营，变更为合伙经营企业；合伙后的企业名称仍为联达机械厂，仍使用原魏某某领取的联达机械厂营业执照，原个人独资企业营业执照自合伙合同签订之日起归合伙企业所有，原投资人魏某某不得再单独使用该营业执照；合伙债务先由合伙财产偿还，合伙财产不足清偿时，由各合伙人共同承担。合伙合同签订后，联达机械厂向原告双盈公司购买焦炭用于生产。2006年12月23日，被告魏某某、蒋某某、卞某、祝某某、尹某某、洪某又签订协议书1份，载明魏某某等6人按照约定出资成立联达机械厂，因正常生产进入困境，现就怎样解决该厂困境一事，协商达成一致意见：在10日内理清该厂自成立至该协议生效期间的所有账目；魏某某等6人一致同意全权委托魏某某将该厂对外承包，承包费用于偿还对外的债务和6人各自的投资；承包金额暂定最低每年50万元；该厂承包前对外的债权债务由魏某某负责处理，与其余5人无关。此后，联达机械厂将厂房、设备等租赁给他人使用。后原告双盈公司因联达机械厂拖欠货款将被告6人告上法庭。

本案经一审、二审，法院认定联达机械厂系魏某某等6人合伙经营的企业，魏某某等6名合伙人应对联达机械厂的债务承担连带清偿责任。联达机械厂未据实变更企业性质系各合伙人作出的不合法的安排。联达机械厂虽在工商行政管理部门登记为个人独资企业，但实质系上诉人卞某、原审被告魏某某、蒋某某、祝某某、尹某某、洪某合伙经营的企业。本案中，对于联达机械厂欠双盈公司的货款，联达机械厂应先以其全部财产进行清偿。联达机械厂的财产不足清偿该债务的，卞某等合伙人对不能清偿的部分承担无限连带清偿责任。合伙人故意不将联达机械厂的个人独资企业性质据实变更为合伙企业的行为，不应当成为各合伙人不承担民事法律

责任的理由，且应当受到相关行政法规的规制。否则交易安全得不到保护，相关法律规制合伙企业及合伙人的目的将会落空。

【法条指引】

中华人民共和国个人独资企业法（节录）

第十五条 个人独资企业存续期间登记事项发生变更的，应当在作出变更决定之日起的十五日内依法向登记机关申请办理变更登记。

第二十六条 个人独资企业有下列情形之一时，应当解散：

（一）投资人决定解散；

（二）投资人死亡或者被宣告死亡，无继承人或者继承人决定放弃继承；

（三）被依法吊销营业执照；

（四）法律、行政法规规定的其他情形。

第二十八条 个人独资企业解散后，原投资人对个人独资企业存续期间的债务仍应承担偿还责任，但债权人在五年内未向债务人提出偿债请求的，该责任消灭。

第二十九条 个人独资企业解散的，财产应当按照下列顺序清偿：

（一）所欠职工工资和社会保险费用；

（二）所欠税款；

（三）其他债务。

第三十七条 违反本法规定，未领取营业执照，以个人独资企业名义从事经营活动的，责令停止经营活动，处以三千元以下的罚款。

个人独资企业登记事项发生变更时，未按本法规定办理有关变更登记的，责令限期办理变更登记；逾期不办理的，处以二千元以下的罚款。

第三章

合伙企业法律制度

第一节　合伙企业法律制度概述

【规则要点】

合伙，是指由合伙人共同约定出资，为了共同的目的，实行共同经营的联合体。这种联合体是在个人经营活动的基础上形成的，联结纽带是合伙人共同订立的协议。

【理解与适用】

合伙企业分为普通合伙企业和有限合伙企业，两者的区别主要在于责任承担的范围不同。普通合伙企业由普通合伙人组成，合伙人对合伙企业债务承担无限连带责任。有限合伙企业由普通合伙人和有限合伙人组成，普通合伙人对合伙企业债务承担无限连带责任，有限合伙人以其认缴的出资额为限对合伙企业债务承担责任。但是法律也对普通合伙人作出了一些限制，国有独资公司、国有企业、上市公司以及公益性的事业单位、社会团体不得成为普通合伙人。

全体合伙人订立书面合伙协议、设立合伙企业，应当遵循自愿、平等、公平、诚实信用原则。合伙企业的生产经营所得和其他所得，按照国家有关税收规定，由合伙人分别缴纳所得税。

申请设立合伙企业，应当向企业登记机关提交登记申请书、合伙协议书、合伙人身份证明等文件。合伙企业的经营范围中有属于法律、行政法规规定在登记前须经批准的项目的，该项经营业务应当依法经过批准，并在登记时提交批准文件。申请人提交的登记申请材料齐全、符合法定形式，企业登记机关能够当场登记的，应予当场登记，发给营业执照。未现场登记的，企业登记机关应当自受理申请之日起20日内，作出是否登记的决定。予以登记的，发给营业执照；不予登记的，应当给予书面答复，并说明理由。合伙企业的营业执照签发日期，为合伙企业成立日期。

若申请人违反法律规定，提交虚假文件或者采取其他欺骗手段，取得合伙企业登记的，由企业登记机关责令改正，处以5000元以上5万元以下的罚款；情节严重的，撤销企业登记，并处以5万元以上20万元以下的罚款。合伙企业登记事项发生变更时，应当办理变更登记，否则由企业登记机关责令限期登记；逾期不登记的，处以2000元以上2万元以下的罚款。合伙企业登记事项发生变更，执行合伙事务的合伙人未按期申请办理变更登记的，应当赔偿由此给合伙企业、其他合伙人或者善意第三人造成的损失。

合伙企业领取营业执照前，合伙人不得以合伙企业名义从事合伙业务。合伙企业设立分支机构，应当向分支机构所在地的企业登记机关申请登记，领取营业执照。合伙企业登记事项发生变更的，执行合伙事务的合伙人应当自作出变更决定或者发生变更事由之日起15日内，向企业登记机关申请办理变更登记。

未领取营业执照，而以合伙企业或者合伙企业分支机构名义从事合伙业务的，由企业登记机关责令停止，处以5000元以上5万元以下的罚款。

【法条指引】

中华人民共和国合伙企业法（节录）

第二条 本法所称合伙企业，是指自然人、法人和其他组织依照本法在中国境内设立的普通合伙企业和有限合伙企业。

普通合伙企业由普通合伙人组成，合伙人对合伙企业债务承担无限连带责任。本法对普通合伙人承担责任的形式有特别规定的，从其规定。

有限合伙企业由普通合伙人和有限合伙人组成，普通合伙人对合伙企业债务承担无限连带责任，有限合伙人以其认缴的出资额为限对合伙企业债务承担责任。

第四条 合伙协议依法由全体合伙人协商一致、以书面形式订立。

第五条 订立合伙协议、设立合伙企业，应当遵循自愿、平等、公平、诚实信用原则。

第二节 普通合伙企业

【规则要点】

普通合伙企业由普通合伙人组成，合伙人对合伙企业债务承担无限连带责任。

【理解与适用】

一、合伙企业设立

普通合伙企业，是指由普通合伙人组成，合伙人对合伙企业债务承担无限连带责任的合伙企业。

设立合伙企业，应当具备下列条件：

1. 有 2 个以上合伙人

合伙人可以是法人、自然人，也可以是其他组织。合伙人为自然人的，应当具有完全民事行为能力。合伙企业法承认法人的普通合伙人地位，但是，不是任何法人都可以成为普通合伙企业的普通合伙人。国有独资公司、国有企业、上市公司以及公益性的事业单位、社会团体不能成为承担无限连带责任的普通合伙人。

2. 有书面合伙协议

合伙协议，是指两个以上的合伙人为了设立合伙企业，实现共同的经济目的而达成的协议。对合伙企业而言，合伙协议必须是书面形式的，中国不承认口头协议的法律效力。

合伙协议应当载明下列事项：合伙企业的名称和主要经营场所的地点；合伙目的和合伙经营范围；合伙人的姓名或者名称、住所；合伙人的出资方式、数额和缴付期限；利润分配、亏损分担方式；合伙事务的执行；入伙与退伙；争议解决办法；合伙企业的解散与清算；违约责任。

合伙协议经全体合伙人签名、盖章后生效。合伙人按照合伙协议享有权利，承担责任，履行义务。修改或者补充合伙协议，应当经全体合伙人一致同意；但是，合伙协议另有约定的除外。合伙协议未约定或者约定不明确的事项，由合伙人协商决定；协商不成的，依照法律、行政法规的规定处理。合伙人违反合伙协议的，应当依法承担违约责任。合伙人履行合伙协议发生争议的，合伙人可以通过协商或者调解解决。不愿通过协商、调解解决或者协商、调解不成的，可以按照合伙协议约定的仲裁条款或者事后达成的书面仲裁协议，向仲裁机构申请仲裁。合伙协议中未订立仲裁条款，事后又没有达成书面仲裁协议的，可以向人民法院起诉。

3. 合伙人认缴或者实际缴付的出资

合伙人可以用货币、实物、知识产权、土地使用权或者其他财产权利出资，也可以用劳务出资。合伙人以实物、知识产权、土地使用权或者其他财产权利出资，需要评估作价的，可以由全体合伙人协商确定，也可以由全体合伙人委托法定评估机构评估。合伙人以劳务出资的，其评估办法由全体合伙人协商确定，并在合伙协议中载明。合伙人应当按照合伙协议约定的出资方式、数额和缴付期限，履行出资义务。以非货币财产出资的，依照法律、行政法规的规定，需要办理财产权转移手续的，应当依法办理。

4. 有合伙企业的名称和生产经营场所

合伙企业名称中应当标明“普通合伙”字样。经登记注册后，合伙企业在法律规定的范围内享有名称权。合伙企业名称的使用、变更、转让等事务应得到全体合伙人的同意，并向有关行政部门申请办理登记或变更登记。

5. 法律、行政法规规定的其他条件。

二、合伙企业财产

合伙企业的财产由两部分构成。一是原始财产，即合伙人的出资；二是合伙经营积累的财产，包括合伙企业存续期间，以合伙企业名义取得的收益以及依法取得的其他财产。合伙人按照合伙协议的约定或者经全体合伙人决定，可以增加或者减少对合伙企业的出资。由于合伙经营期间积累的财产是全体合伙人共同经营所得，全体合伙人对其享有平等的权利，因此，合伙人在合伙企业清算前，无法律规定不得请求分割合伙企业的财产。这是法律的强制性规定，若合伙人在合伙企业清算前私自转移或者处分合伙企业财产的，合伙企业不得以此为由对抗善意第三人。

在合伙经营存续期间，除合伙协议另有约定外，合伙人向合伙人以外的人转让其在合伙企业中的全部或者部分财产份额时，须经其他合伙人一致同意。合伙人之间转让在合伙企业中的全部或者部分财产份额时，应当通知其他合伙人。合伙人向合伙人以外的人转让其在合伙企业中的财产份额的，在同等条件下，其他合伙人有优先购买权。但是，关于其他合伙人的优先购买权，可以通过合伙协议排除。合伙人以外的人依法受让合伙人在合伙企业中的财产份额的，经修改合伙协议即成为合伙企业的合伙人，依照修改后的合伙协议享有权利，承担责任，履行义务。

如果合伙人以其在合伙企业中的全部财产份额承担担保责任时，往往会发生合伙人退伙的后果。这对于合伙企业的存续将造成不利的影响，因此法律对合伙财产份额的质押作出了严格的限制。合伙人以其在合伙企业中的财产份额出质的，须经其他合伙人一致同意；未经其他合伙人一致同意，其行为无效，由此给善意第三人造成损失的，由行为人依法承担赔偿责任。

三、合伙企业的内部和外部关系

（一）合伙企业的内部关系

1. 共同执行合伙事务

合伙事务的执行，是指为了实现合伙企业的目的而进行的业务活动。合伙是当事人之间的一种共同经营关系，合伙人对执行合伙事务享有同等的权利。因此无论合伙企业中是否设有负责人，也不论合伙人出资数额的多少，每个合伙人均享有平等的共同经营权，都有权参与合伙事务的决策、执行和监督。每一个合伙人都有权通过查阅合伙企业的账簿来了解合伙企业的经营状况和财物状况。在合伙企业的经营范围内，每一个合伙人均有权对外以合伙企业的名义从事经营活动，其行为的结果由全体合伙人承担。合伙协议对合伙人责任的承担有约定的，不能以此对抗善意第三人。也就是说，合伙协议的条款只在合伙人之间产生约束力。

2. 可以委托一个或者数个合伙人对外代表合伙企业，执行合伙事务

按照合伙协议的约定或者经全体合伙人决定，可以委托一个或者数个合伙人对外代表合伙企业，执行合伙事务。执行事务合伙人应当定期向其他合伙人报告事务执行情况以及合伙企业的经营和财务状况，其执行合伙事务所产生的收益归合伙企业，所产生的费用和亏损由合伙企业承担。如果受委托执行合伙事务的合伙人不按照合伙协议或者全体合伙人的决定执行事务的，其他合伙人可以决定撤销该委托，这时受委托执行合伙事务的合伙人不再执行合伙事务。如果受委托执行合伙事务的合伙人擅自执行合伙事务给合伙企业或者其他合伙人造成损失的，应当依法承担赔偿责任，但是其仍有权监督执行合伙事务的合伙人并有权查阅合伙企业会计账簿等财务资料。合伙企业内部对合伙人职权的限制不得对抗善意第三人。如果是合伙人分别执行合伙事务的，执行事务合伙人可以对其他合伙人执行的事务提出异议，此时应当暂停该项事务的执行。

3. 可聘任经营管理人员执行合伙事务

被聘任的合伙企业的经营管理人员应当在合伙企业授权范围内履行职务。被聘任的合伙企业的经营管理人员，超越合伙企业授权范围履行职务，或者在履行职务过程中因故意或者重大过失给合伙企业造成损失的，依法承担赔偿责任。

4. 表决合伙企业有关事项

合伙人对合伙企业有关事项作出决议，按照合伙协议约定的表决办法办理。合伙协议未约定或者约定不明确的，实行合伙人一人一票并经全体合伙人过半数通过的表决办法。另外，作为合伙人的法人、其他组织执行合伙事务的，由其委派的代表执行。

除合伙协议另有约定外，合伙企业的下列事项应当经全体合伙人一致同意：

（1）改变合伙企业的名称；

（2）改变合伙企业的经营范围、主要经营场所的地点；

（3）处分合伙企业的不动产；

（4）转让或者处分合伙企业的知识产权和其他财产权利；

（5）以合伙企业名义为他人提供担保；

（6）聘任合伙人以外的人担任合伙企业的经营管理人员。

5. 合伙人竞业限制

合伙企业法对合伙人作出了一些竞业限制。合伙人不得自营或者同他人合作经营与本合伙企业相竞争的业务。除合伙协议另有约定或者经全体合伙人一致同意外，合伙人不得同本合伙企业进行交易。合伙人不得从事损害本合伙企业利益的活动，合伙人违反法律规定或者合伙协议的约定，从事与本合伙企业相竞争的业务或者与本合伙企业进行交易的，该收益归合伙企业所有；给合伙企业或者其他合伙人造成损失的，依法承担赔偿责任。

6. 合伙企业的损益分配

合伙企业的财产是一种共有关系，因此，无论是利润还是亏损都应当由全体合伙人共同分担。实践中，各国法律都允许合伙人通过合伙协议或者协商的方式自行约定利润分配的方式。合伙企业的利润分配和亏损分担，按照合伙协议的约定办理；合伙协议未约定或者约定不明确的，由合伙人协商决定；协商不成的，由合伙人按照实缴出资比例分配、分担；无法确定出资比例的，由合伙人平均分配、分担。但是，法律也对合伙企业利润分配的方式作出了一些限制，合伙协议不得约定将全部利润分配给部分合伙人或者由部分合伙人承担全部亏损。合伙企业的损益分配是合伙企业的内部事务，与债务承担无关，因而合伙人之间可以任意约定损益分配的方式，但必须体现风险共担原则，否则该约定无效。

（二）合伙企业的外部关系

合伙企业的外部关系，通常是指合伙企业与第三人的关系，或者是合伙人代表合伙企业与第三人形成的关系，主要表现为财产关系，特别是债权债务关系。

1. 合伙企业的债务清偿

对债务清偿顺序，立法采用了补充责任主义，即先以合伙企业的全部财产进行清偿，若合伙企业的财产不足以清偿到期债务时，由合伙人就不足的部分承担无限连带责任，即合伙人承担的是一种补充责任。当合伙企业的财产不足以清偿全部债务时，企业的债权人可以要求其中一个或者数个合伙人进行清偿。合伙人清偿合伙企业的债务超过其应当承担的亏损分担比例的，该合伙人有权就其多清偿的部分向其他合伙人追偿。

2. 合伙人个人债务的清偿

在实践中，合伙人将其部分财产投入合伙企业后，还有可能以个人名义从事其他与合伙企业无关的民商事活动，此时合伙人就可能出现与合伙企业无关的债务。如果合伙人个人活动中出现债权人要求该合伙人以其个人财产以及其在合伙企业中的财产份额实现其债权的，该债权人不得以其债权抵销其对合伙企业的债务，也不得代位行使合伙人在合伙企业中的权利。合伙人的自有财产不足清偿其与合伙企业无关的债务时，该合伙人可以以其从合伙企业中分取的收益用于清偿；债权人也可以依法请求人民法院强制执行该合伙人在合伙企业中的财产份额用于清偿。人民法院强制执行合伙人的财产份额时，应当通知全体合伙人，其他合伙人有优先购买权；其他合伙人未购买，又不同意将该财产份额转让给他人的，依照规定为该合伙人办理退伙结算，或者办理削减该合伙人相应财产份额的结算。

四、入伙和退伙

合伙企业都是典型的人合性企业，由于各合伙人对合伙企业的债务承担无限连带责任，故而合伙人的入伙和退伙常常与合伙企业的存续有着非常重大的关系，因此对于合伙人的入伙和退伙，都必须严格按照法律和章程的规定执行。

（一）入伙

合伙企业成立以后，合伙人以外的第三人可以加入合伙企业成为新的合伙人。由于合伙企业是典型的人合性组织，其存续的基础是合伙人之间的相互信赖关系，因此新合伙人入伙，除非合伙协议另有约定外，都应当经全体合伙人的一致同意，并在平等、自愿的基础上就入伙以及入伙后的权利义务问题依法订立书面入伙协议。合伙企业法明确要求，订立入伙协议时，原合伙人应当向新合伙人如实告知原合伙企业的经营状况和财务状况。

入伙后，新合伙人与原合伙人享有同等权利，承担同等责任，但是入伙协议另有约定的除外。

对于新合伙人入伙后的债务承担问题，法律规定新合伙人对入伙前合伙企业的债务承担无限连带责任。这一规定是强制性规定，如果入伙协议有不同的约定的，该约定只在合伙企业内部有效，新合伙人不得以此对抗第三人。

（二）退伙

退伙，是指合伙人退出合伙企业，从而丧失其合伙人资格的法律行为。根据退伙发生的原因不同，退伙可以分为法定退伙、除名退伙和任意退伙。

1. 法定退伙

法定退伙，也称当然退伙，是指出现法律规定的情形而导致的退伙。

合伙企业法规定了以下五种法定退伙情形：

（1）作为合伙人的自然人死亡或者被依法宣告死亡；

（2）个人丧失偿债能力；

（3）作为合伙人的法人或者其他组织依法被吊销营业执照、责令关闭、撤销，或者被宣告破产；

（4）法律规定或者合伙协议约定合伙人必须具有相关资格而合伙人丧失该资格；

（5）合伙人在合伙企业中的全部财产份额被人民法院强制执行。

此外，如果合伙人被依法认定为无民事行为能力人或者限制民事行为能力人的，经其他合伙人一致同意，可以依法转为有限合伙人，普通合伙企业依法转为有限合伙企业。但是其他合伙人未能达成一致同意的，该无民事行为能力或者限制民事行为能力的合伙人亦应当退伙。对于法定退伙而言，退伙事由实际发生之日为退伙生效日。

2. 除名退伙

除名退伙也称强制退伙，是指某一合伙人因其行为，经其他合伙人一致要求而被强制退出合伙企业的退伙。

合伙人有下列情形之一的，经其他合伙人一致同意，可以决议将其除名：

（1）未履行出资义务；

（2）因故意或者重大过失给合伙企业造成损失；

（3）执行合伙事务时有不正当行为；

（4）发生合伙协议约定的事由。

对合伙人的除名决议应当书面通知被除名人。被除名人接到除名通知之日，除名生效，被除名人退伙。被除名人对除名决议有异议的，可以自接到除名通知之日起 30 日内，向人民法院起诉。

3. 任意退伙

任意退伙，也称声明退伙，是指依据合伙人自己的意思表示所为的退伙。任意退伙根据合伙协议是否约定了合伙期限具体分为两种情况：

第一种，在合伙企业存续期间，有下列情形之一的，合伙人可以退伙：

（1）合伙协议约定的退伙事由出现；

（2）经全体合伙人一致同意；

（3）发生合伙人难以继续参加合伙的事由；

（4）其他合伙人严重违反合伙协议约定的义务。

第二种，如果合伙协议未约定合伙期限的，合伙人在不给合伙企业事务执行造成不利影响的情况下，可以退伙，但应当提前 30 日通知其他合伙人。合伙人违反规定退伙的，应当赔偿由此给合伙企业造成的损失。

合伙人退伙，其他合伙人应当与该退伙人按照退伙时的合伙企业财产状况进行结算，退还退伙人的财产份额。若退伙人对给合伙企业造成的损失负有赔偿责任的，则应当在退还的财产份额中扣减其应当赔偿的数额。退伙时有未了结的合伙企业事务的，待该事务了结后进行结算。退伙人在合伙企业中财产份额的退还办法，由合伙协议约定或者由全体合伙人决定，可以退还货币，也可以退还实物。

若合伙人退伙时，合伙企业财产少于合伙企业债务的，退伙人应当按照损益分担比例，承担企业的亏损。此外，退伙人对基于其退伙前的原因发生的合伙企业债务，承担无限连带责任。

五、合伙的继承

在合伙企业存续期间，合伙人死亡或者被依法宣告死亡的，对该合伙人在合伙企业中的财产份额享有合法继承权的继承人，按照合伙协议的约定或者经全体合伙人一致同意，从继承开始之日起，取得该合伙企业的合伙人资格。

由于合伙企业的存在基础是合伙人之间的信赖关系，因此有下列情形之一的，继承人不成为合伙企业的新合伙人，同时合伙企业应当向合伙人的继承人退还被继承合伙人的财产份额：

（1）继承人不愿意成为合伙人；

（2）法律规定或者合伙协议约定合伙人必须具有相关资格，而该继承人未取得该资格；

（3）出现合伙协议约定不能成为合伙人的其他情形。

如果合伙人的继承人为无民事行为能力人或者限制民事行为能力人的，经全体合伙人一致同意，该继承人可以依法成为有限合伙人，同时普通合伙企业依法转为有限合伙企业。全体合伙人未能一致同意的，合伙企业亦应当将被继承合伙人的财产份额退还该继承人。

【风险提示】

国有独资公司、国有企业、上市公司以及公益性的事业单位、社会团体不能成为承担无限连带责任的普通合伙人。

新合伙人对入伙前合伙企业的债务承担无限连带责任。

【法条指引】

中华人民共和国合伙企业法（节录）

第十四条 设立合伙企业，应当具备下列条件：

（一）有二个以上合伙人。合伙人为自然人的，应当具有完全民事行为能力；

（二）有书面合伙协议；

（三）有合伙人认缴或者实际缴付的出资；

（四）有合伙企业的名称和生产经营场所；

（五）法律、行政法规规定的其他条件。

第二十条 合伙人的出资、以合伙企业名义取得的收益和依法取得的其他财产，均为合伙企业的财产。

第二十六条 合伙人对执行合伙事务享有同等的权利。

按照合伙协议的约定或者经全体合伙人决定，可以委托一个或者数个合伙人对外代表合伙企业，执行合伙事务。

作为合伙人的法人、其他组织执行合伙事务的，由其委派的代表执行。

第三十七条 合伙企业对合伙人执行合伙事务以及对外代表合伙企业权利的限制，不得对抗善意第三人。

第三十八条 合伙企业对其债务，应先以其全部财产进行清偿。

第三十九条 合伙企业不能清偿到期债务的，合伙人承担无限连带责任。

第四十三条 新合伙人入伙，除合伙协议另有约定外，应当经全体合伙人一致同意，并依法订立书面入伙协议。

订立入伙协议时，原合伙人应当向新合伙人如实告知原合伙企业的经营状况和财务状况。

第三节 特殊的普通合伙企业

【规则要点】

特殊的普通合伙企业，是指在某种债务的承担方面存在特殊规则的普通合伙企业。在特殊的普通合伙企业中，合伙人对特定的合伙企业债务只承担有限责任。

【理解与适用】

根据法律规定，以专业知识和专门技能为客户提供有偿服务的专业服务机构，可以设立为特殊的普通合伙企业，特殊的普通合伙企业名称中应当标明“特殊普通合伙”字样。

在特殊的普通合伙企业中，一个合伙人或者数个合伙人在执业活动中因故意或者重大过失造成合伙企业债务的，应当承担无限责任或者无限连带责任，其他合伙人以其在合伙企业中的财产份额为限承担责任。此外，合伙人在执业活动中因故意或者重大过失造成的合伙企业债务，以合伙企业财产对外承担责任后，该合伙人还应当按照合伙协议的约定对给合伙企业造成的损失承担赔偿责任。如果合伙人在执业活动中不是因为故意或者重大过失造成的合伙企业债务以及合伙企业的其他债务，则债务承担的方式与一般的普通合伙企业相同，即由全体合伙人承担无限连带责任。

由于在特殊的普通合伙企业中，合伙人对特定的合伙企业债务只承担有限责任，为保护交易相对人的利益，应当对这一情况进行公示，因此特殊的普通合伙企业名称中应当标明“特殊普通合伙”字样。

此外，合伙企业法还规定了对特殊的普通合伙企业债权人的保护制度，即规定了特殊的普通合伙企业应当建立执业风险基金、办理职业保险。执业风险基金用于偿付合伙人执业活动造成的债务应当单独立户管理，具体管理办法由国务院规定。

【法条指引】

中华人民共和国合伙企业法（节录）

第五十五条 以专业知识和专门技能为客户提供有偿服务的专业服务机构，可以设立为特殊的普通合伙企业。

特殊的普通合伙企业是指合伙人依照本法第五十七条的规定承担责任的普通合伙企业。

特殊的普通合伙企业适用本节规定；本节未作规定的，适用本章第一节至第五节的规定。

第五十九条 特殊的普通合伙企业应当建立执业风险基金、办理职业保险。

执业风险基金用于偿付合伙人执业活动造成的债务。执业风险基金应当单独立户管理。具体管理办法由国务院规定。

第四节 有限合伙企业制度

【规则要点】

有限合伙企业，是指由普通合伙人和有限合伙人依法设立，由普通合伙人对合伙企业的债务承担无限责任，有限合伙人以其认缴的出资额为限对合伙企业的债务承担有限责任的合伙企业。

【理解与适用】

一、有限合伙企业的设立

有限合伙企业的设立必须满足以下条件：

1. 合伙人的要求

有限合伙企业与普通合伙企业相比具有很多特殊的规则。根据法律规定，有限合伙企业由2个以上50个以下合伙人设立，但法律另有规定的除外。另外，有限合伙企业还至少应当有一个普通合伙人。

2. 合伙协议

由于合伙人的责任承担方式不同，有限合伙企业的合伙协议与普通合伙企业相比，还应当载明下列事项：

（1）普通合伙人和有限合伙人的姓名或者名称、住所；

（2）执行事务合伙人应具备的条件和选择程序；

（3）执行事务合伙人权限与违约处理办法；

（4）执行事务合伙人的除名条件和更换程序；

（5）有限合伙人入伙、退伙的条件、程序以及相关责任；

（6）有限合伙人和普通合伙人相互转变程序。

3. 有限合伙人的出资

在实践中，各国法律对有限合伙企业中合伙人出资的限制规定有所不同。中国规定，有限合伙人可以用货币、实物、知识产权、土地使用权或者其他财产权利作价出资，但不得以劳务出资。有限合伙人应当按照合伙协议的约定按期足额缴纳出资；未按期足额缴纳的，应当承担补缴义务，并对其他合伙人承担违约责任。有限合伙企业登记事项中应当载明有限合伙人的姓名或者名称及认缴的出资数额。

4. 有限合伙企业的名称

为保护合伙人和相对人的利益，有限合伙企业名称中应当标明“有限合伙”字样。

为规范合伙企业名称的使用，合伙企业法对企业名称作出了处罚规定，若企业未在其名称中标明“普通合伙”、“特殊普通合伙”或者“有限合伙”字样的，由企业登记机关责令限期改正，处以2000元以上1万元以下的罚款。

二、有限合伙企业的内部关系和外部关系

（一）内部关系

1. 有限合伙事务的执行

有限合伙企业由普通合伙人执行合伙事务。执行事务合伙人可以要求在合伙协议中确定执行事务的报酬及报酬提取方式。有限合伙人不执行合伙事务，不得对外代表有限合伙企业。

有限合伙人的下列行为，不视为执行合伙事务：

（1）参与决定普通合伙人入伙、退伙；

（2）对企业的经营管理提出建议；

（3）参与选择承办有限合伙企业审计业务的会计师事务所；

（4）获取经审计的有限合伙企业财务会计报告；

（5）对涉及自身利益的情况，查阅有限合伙企业财务会计账簿等财务资料；

（6）在有限合伙企业中的利益受到侵害时，向有责任的合伙人主张权利或者提起诉讼；

（7）执行事务合伙人怠于行使权利时，督促其行使权利或者为了本企业的利益以自己的名义提起诉讼；

（8）依法为本企业提供担保。

此外，第三人有理由相信有限合伙人为普通合伙人并与其交易的，该有限合伙人对该笔交易承担与普通合伙人同样的责任。若有限合伙人未经授权以有限合伙企业名义与他人进行交易，给有限合伙企业或者其他合伙人造成损失的，该有限合伙人应当承担赔偿责任。

2. 有限合伙人的权利

与普通合伙人相比，有限合伙人的权利没有受到过多的限制。根据合伙企业法的规定，有限合伙人具有以下权利：

（1）有限合伙人可以同本有限合伙企业进行交易，但合伙协议另有约定的除外；

（2）有限合伙人可以自营或者同他人合作经营与本有限合伙企业相竞争的业务，但合伙协议另有约定的除外；

（3）有限合伙人可以将其在有限合伙企业中的财产份额出质，但合伙

协议另有约定的除外；

(4) 有限合伙人可以按照合伙协议的约定向合伙人以外的人转让其在有限合伙企业中的财产份额，但应当提前30日通知其他合伙人。

3. 损益分担方式

有限合伙企业不得将全部利润分配给部分合伙人；但是，合伙协议另有约定的除外。

4. 有限合伙人的入伙和退伙

在入伙和退伙的问题上，合伙企业法仅有以下特殊规定：

(1) 新入伙的有限合伙人对入伙前有限合伙企业的债务，以其认缴的出资额为限承担责任；

(2) 有限合伙人有下列情形之一的，当然退伙：作为合伙人的自然人死亡或者被依法宣告死亡；作为合伙人的法人或者其他组织依法被吊销营业执照、责令关闭、撤销，或者被宣告破产；法律规定或者合伙协议约定合伙人必须具有相关资格而丧失该资格；合伙人在合伙企业中的全部财产份额被人民法院强制执行。

作为有限合伙人的自然人在有限合伙企业存续期间丧失民事行为能力的，其他合伙人不得因此要求其退伙。作为有限合伙人的自然人死亡、被依法宣告死亡或者作为有限合伙人的法人及其他组织终止时，其继承人或者权利承受人可以依法取得该有限合伙人在有限合伙企业中的资格。

有限合伙人退伙后，对基于其退伙前的原因发生的有限合伙企业债务，以其退伙时从有限合伙企业中取回的财产承担责任。

(二) 外部关系

有限合伙人个人债务的承担。对于有限合伙人以其个人名义从事的民商事活动中产生的债务，有限合伙人的自有财产不足清偿的，该合伙人可以以其从有限合伙企业中分取的收益用于清偿；债权人也可以依法请求人民法院强制执行该合伙人在有限合伙企业中的财产份额用于清偿。但人民法院强制执行有限合伙人的财产份额时，应当通知全体合伙人。在同等条件下，其他合伙人有优先购买权。

合伙人与合伙企业的转化。在有限合伙企业中，除合伙协议另有约定外，普通合伙人转变为有限合伙人，或者有限合伙人转变为普通合伙人，应当经全体合伙人一致同意。其中有限合伙人转变为普通合伙人的，对其作为有限合伙人期间有限合伙企业发生的债务承担无限连带责任。而普通合伙人转变为有限合伙人的，对其作为普通合伙人期间合伙企业发生的债务承担无限连带责任。

有限合伙企业仅剩有限合伙人的，应当解散；有限合伙企业仅剩普通合伙人的，转为普通合伙企业。

【风险提示】

当事人之间未签订有效的书面合伙协议，但双方有共同投资、共同经营行为，具备合伙的实质性特征，应认定形成了事实上的个人合伙关系。

个人丧失偿债能力，并不发生当然退伙。

合伙人退伙时必须对合伙企业的利润分配、债务负担等问题进行清理和了结，结算的目的就是要合伙人能够对合伙企业的财务状况全面了解，以便确定退伙人应分得的财产份额，同时也明确其应承担的债务。

【相关案例】

案例1　陆某某与刘某某等合伙协议纠纷案

刘某某与陆某某签订合伙协议，约定合伙经营矿山。2001年2月，刘某某于汲某某、张某某处购买矿山；2002年12月，陆某某于熊某某处购买采矿权。陆某甲代理陆某某对矿山进行投资、管理，刘某某则一直参与经营、管理矿山。陆某甲以刘某某购买矿山系受其委托为由提起诉讼，请求法院认定刘某某与陆某某之间并非共同投资，未形成合伙关系，但未能提供证据予以证明。故一审法院认定刘某某是自己购买矿山，再结合陆某某购买了采矿权的事实，认为双方系共同投资，形成了合伙关系。陆某某以自己自出生时精神发育迟滞，不具有民事行为能力为由请求法院认定合伙关系不成立，并提供《残疾评定表》《精神疾病司法鉴定意见书》予以证明。但一审法院和安徽省高级人民法院对其提供的证据均未采信，从而认定双方合伙关系成立。陆某某不服安徽省高级人民法院判决，向最高人民法院申请再审。最高人民法院认为，陆某某在一审和二审中提交的证据足以证明其自出生以来一直无民事行为能力，双方当事人签订的合伙协议无效。但根据当事人双方共同投资，共同经营的事实，应认定双方形成了事实上的个人合伙关系，故驳回陆某某的再审申请。

案例 2　王某某与李某某、黄某某确认合同效力纠纷再审判决书

李某某与黄某某、王某某以承天开发公司第一分公司名义开发建设承天综合楼。2003 年 11 月 14 日，李某某与黄某某、王某某签订一份《协议书》，约定：“经承天开发公司第一分公司合伙人黄某某、李某某、王某某共同协商，三人就合伙开发建设承天综合楼期间所发生的经济责任进行划分，并达成涉及以下条款的协议：王某某就开发建设承天综合楼所投资 63 万元由李某某负责偿还，王某某就此撤出，不涉及其他经济责任。”

本案的争议焦点为如何认定《协议书》中上述约定的效力？能否认定王某某退出合伙？终审法院认为，退伙意味着原合伙人与其他合伙人脱离了由合伙协议所设定的一切权利义务，将导致合伙人部分出资的返还和盈余的分配，对债权人来说，退伙将意味着减少了一个债务担保人和一份担保财产，因此，合伙人退伙时必须对合伙企业的财产状况进行结算，结算的目的就是使合伙人能够对合伙企业的财务状况全面了解，以便确定退伙人应分得的财产份额，同时也明确其应承担的债务。合伙主体应共同投资共担风险，内部清算前应先行处理对外债权债务后，方可收回投资进行分配合伙成果，承天综合楼没有对外进行清算，对外债务仍在偿还中，三方不是在清算合伙事宜，而是一方面明确由合伙人之一的李某某负责偿还另一位合伙人王某某的投资，另一方面却以王某某已实际收回投资，认定王某某就此与合伙事宜即三方的合伙关系因收回投资这一法律事件的产生而终止，缺乏事实依据，显属不当。

【法条指引】

中华人民共和国民法通则（节录）

第三十条　个人合伙是指两个以上公民按照协议，各自提供资金、实物、技术等，合伙经营、共同劳动。

第三十一条　合伙人应当对出资数额、盈余分配、债务承担、入伙、退伙、合伙终止等事项，订立书面协议。

中华人民共和国合伙企业法（节录）

第三十三条　合伙企业的利润分配、亏损分担，按照合伙协议的约定办理；合伙协议未约定或者约定不明确的，由合伙人协商决定；协商不成的，由合伙人按照实缴出资比例分配、分担；无法确定出资比例的，由合伙人平均分配、分担。

合伙协议不得约定将全部利润分配给部分合伙人或者由部分合伙人承担全部亏损。

第五十一条　合伙人退伙，其他合伙人应当与该退伙人按照退伙时的合伙企业财产状况进行结算，退还退伙人的财产份额。退伙人对给合伙企业造成的损失负有赔偿责任的，相应扣减其应当赔偿的数额。

退伙时有未了结的合伙企业事务的，待该事务了结后进行结算。

第五十二条　退伙人在合伙企业中财产份额的退还办法，由合伙协议约定或者由全体合伙人决定，可以退还货币，也可以退还实物。

第五十三条　退伙人对基于其退伙前的原因发生的合伙企业债务，承担无限连带责任。

第五十四条　合伙人退伙时，合伙企业财产少于合伙企业债务的，退伙人应当依照本法第三十三条第一款的规定分担亏损。

最高人民法院印发《关于贯彻执行〈中华人民共和国民法通则〉若干问题的意见（试行）》的通知（节录）

第46条　公民按照协议提供资金或者实物，并约定参与合伙盈余分配，但不参与合伙经营、劳动的，或者提供技术性劳务而不提供资金、实物，但约定参与盈余分配的，视为合伙人。

第50条　当事人之间没有书面合伙协议，又未经工商行政管理部门核准登记，但具备合伙的其他条件，又有两个以上无利害关系人证明有口头合伙协议的，人民法院可以认定为合伙关系。

第五节　合伙企业的终止

【规则要点】

合伙企业的终止即合伙企业主体资格的消灭，是指合伙企业基于法定事由的出现，而使合伙协议终止，合伙企业事业终结并不再具有商主体资格的状态。

【理解与适用】

合伙企业的终止需要经过解散、清算两个过程，合伙企业一经解散即丧失开展经营活动的权利。

一、合伙企业的解散

合伙企业法规定了以下合伙企业的解散情形：

（1）合伙期限届满，合伙人决定不再经营；

（2）合伙协议约定的解散事由出现；

（3）全体合伙人决定解散；

（4）合伙人已不具备法定人数满 30 天；

（5）合伙协议约定的合伙目的已经实现或者无法实现；

（6）依法被吊销营业执照、责令关闭或者被撤销；

（7）法律、行政法规规定的其他原因。

对于合伙企业的解散，立法采用了主体资格存在说，即合伙企业解散后，不能再进行业务活动，但是在清算的必要范围内，其合伙关系仍然存在，合伙企业仍具有主体资格，只有在清算完毕，依法注销后其主体资格才消灭。在未办理注销登记之前，效力仅及于合伙企业内部。

二、合伙企业的清算

合伙企业宣告解散后，为了结企业现存的各种法律关系，应当由清算人依法清算合伙企业的债权和债务。清算期间，合伙企业存续，但不得开展与清算无关的经营活动。

（一）清算人的选任

合伙企业法规定了以下几种清算人的选任方法：

1. 由全体合伙人担任。

2. 指定部分合伙人担任清算人

合伙企业解散后，经全体合伙人过半数同意，可以自合伙企业解散事由出现后15日内指定一个或者数个合伙人担任清算人。

3. 委托第三人担任清算人

合伙企业解散后，经全体合伙人过半数同意，可以自合伙企业解散事由出现后15日内委托第三人，担任清算人。

4. 由法院指定清算人

自合伙企业解散事由出现之日起15日内未确定清算人的，合伙人或者其他利害关系人可以申请人民法院指定清算人。

（二）清算人在清算期间执行的事务及职权

清算人在清算期间执行下列事务：

（1）清理合伙企业财产，分别编制资产负债表和财产清单；

（2）处理与清算有关的合伙企业未了结事务；

（3）清缴所欠税款；

（4）清理债权、债务；

（5）处理合伙企业清偿债务后的剩余财产；

（6）代表合伙企业参加诉讼或者仲裁活动。

清算人自被确定之日起10日内将合伙企业解散事项通知债权人，并于60日内在报纸上公告。债权人应当自接到通知书之日起30日内，未接到通知书的自公告之日起45日内，向清算人申报债权。债权人申报债权，应当说明债权的有关事项，并提供证明材料。清算人应当对债权进行登记。

清算结束，清算人应当编制清算报告，经全体合伙人签名、盖章后，在15日内向企业登记机关报送清算报告，申请办理合伙企业注销登记。

（三）清偿顺序及法律效果

合伙企业财产在支付清算费用和职工工资、社会保险费用、法定补偿金以及缴纳所欠税款、清偿债务后的剩余财产，依照合伙企业的盈亏分配比例进行分配。

值得注意的是，合伙企业注销后，原普通合伙人对合伙企业存续期间的债务仍应承担无限连带责任。

（四）合伙企业的破产

尽管从破产法立法所持的企业法人破产主义来看，合伙企业本不具有破产能力。但作为相对独立的市场经济主体，当合伙企业出现无力偿债的情况时，企业的破产就成为必然。合伙企业法规定，普通合伙人对合伙企业的债务承担无限连带责任，这使得合伙企业的破产与普通合伙人的破产密切相关。因此合伙企业法规定，合伙企业不能清偿到期债务的，债权人可以依法向人民法院提出破产清算申请，也可以要求普通合伙人清偿。合伙企业依法被宣告破产的，普通合伙人对合伙企业债务仍应承担无限连带责任。这意味着当合伙企业不能清偿到期债务时，可以适用破产法的相关规定来对企业债务进行清理，但并不排除普通合伙人的无限连带责任。

（五）清算人的法律责任

清算人未依照法律规定向企业登记机关报送清算报告，或者报送清算报告隐瞒重要事实，或者有重大遗漏的，由企业登记机关责令改正。由此产生的费用和损失，由清算人承担和赔偿。

清算人执行清算事务，牟取非法收入或者侵占合伙企业财产的，应当将该收入和侵占的财产退还合伙企业；给合伙企业或者其他合伙人造成损失的，依法承担赔偿责任。

清算人违反规定，隐匿、转移合伙企业财产，对资产负债表或者财产清单作虚假记载，或者在未清偿债务前分配财产，损害债权人利益的，依法承担赔偿责任。

【法条指引】

中华人民共和国合伙企业法（节录）

第八十五条　合伙企业有下列情形之一的，应当解散：

（一）合伙期限届满，合伙人决定不再经营；

（二）合伙协议约定的解散事由出现；

（三）全体合伙人决定解散；

（四）合伙人已不具备法定人数满三十天；

（五）合伙协议约定的合伙目的已经实现或者无法实现；

（六）依法被吊销营业执照、责令关闭或者被撤销；

（七）法律、行政法规规定的其他原因。

第八十六条 合伙企业解散，应当由清算人进行清算。

清算人由全体合伙人担任；经全体合伙人过半数同意，可以自合伙企业解散事由出现后十五日内指定一个或者数个合伙人，或者委托第三人，担任清算人。

自合伙企业解散事由出现之日起十五日内未确定清算人的，合伙人或者其他利害关系人可以申请人民法院指定清算人。

第九十一条 合伙企业注销后，原普通合伙人对合伙企业存续期间的债务仍应承担无限连带责任。

第九十二条 合伙企业不能清偿到期债务的，债权人可以依法向人民法院提出破产清算申请，也可以要求普通合伙人清偿。

合伙企业依法被宣告破产的，普通合伙人对合伙企业债务仍应承担无限连带责任。

第四章

公司法

第一节　公司法律制度概述

【规则要点】

公司，是指依照公司法在中国境内设立的有限责任公司和股份有限公司。公司以其全部财产对公司的债务承担责任。

【理解与适用】

传统意义上的公司，是指依照公司法规定的条件和程序设立的以营利为目的的企业法人。公司法中没有明确公司的概念，但是结合相关条文，可以将公司的概念表述为：公司是依法设立的、以营利为目的的、股东以其出资为限对公司的债务承担责任，公司以其全部财产对公司债务承担责任的企业法人。依据公司法的规定，公司具有法定性、法人性、营利性和责任有限性等特点。由于允许一人公司的设立，因此中国公司法律制度在公司的社团性特征方面有所突破。

作为商法领域中最为重要的商事法律关系主体，各国对公司的分类各有不同。公司法将公司分为有限责任公司和股份有限公司。有限责任公司的股东以其出资额为限对公司承担责任，公司作为独立的法人以其全部资产对公司的债务承担责任。而股份有限公司的全部资产分为等额股份，股东以其所持有的股份为限对公司承担责任，公司以其全部资产对公司的债务承担责任。其中有限责任公司又可具体分为一般有限责任公司和国有独资公司。

需要注意的是，公司法对所调整的企业类型作出了严格限定，其调整范围仅包括公司，目前中国存在的其他类型的企业仍由其他法律来调整。但是在法律的适用上，其他类型的法律没有规定的，可以适用公司法的规定。

【法条指引】

中华人民共和国公司法（节录）

第二条 本法所称公司是指依照本法在中国境内设立的有限责任公司和股份有限公司。

第三条 公司是企业法人，有独立的法人财产，享有法人财产权。公司以其全部财产对公司的债务承担责任。

有限责任公司的股东以其认缴的出资额为限对公司承担责任；股份有限公司的股东以其认购的股份为限对公司承担责任。

第二节 公司成立

【规则要点】

公司成立，是指公司符合法律规定的条件，经登记机关注册登记并取得营业执照的行为。公司成立与公司设立具有不同的含义。

【理解与适用】

一、公司的设立

公司的设立，是指公司的发起人为设立公司，按照法律规定的条件和程序取得公司法人资格所实施的一系列行为的总称。公司法对公司的设立采取了以严格准则主义为主，以核准主义为补充的设立原则。而公司法的数次修改，也不断地简化了公司的设立条件，实现了公司设立标准的统一、公开，为公司的设立提供了极大的方便。

（一）公司设立的方式

公司设立的方式包括两种，即发起设立和募集设立。

所谓的发起设立，是指公司的资本全部由发起人认购，不向发起人之外的人募集的设立方式。发起设立的程序比较简单，按照公司法规定，有限责任公司和股份有限公司都可以采用发起设立的方式。

募集设立，是指由发起人认购一部分公司股份，其余部分向社会公开招募或者向特定对象募集的设立方式。由于有限责任公司具有封闭性和人合性的特点，不能对外募集资金，因此不能适用募集设立的设立方式，只能采用发起人设立的方式。而股份有限公司则可以适用发起设立和募集设立两种设立方式。

股份有限公司采取发起设立方式设立的，注册资本为在公司登记机关登记的全体发起人认购的股本总额。在发起人认购的股份缴足前，不得向他人募集股份。以发起设立方式设立股份有限公司的，发起人应当书面认足公司章程规定其认购的股份，并按照公司章程规定缴纳出资。以非货币财产出资的，应当依法办理其财产权的转移手续。发起人不依照规定缴纳出资的，应当按照发起人协议承担违约责任。发起人认足公司章程规定的出资后，应当选举董事会和监事会，由董事会向公司登记机关报送公司章程以及法律、行政法规规定的其他文件，申请设立登记。

以募集设立方式设立股份有限公司的，发起人认购的股份不得少于公司股份总数的35%；但是，法律、行政法规另有规定的，从其规定。股份有限公司采取募集方式设立的，注册资本为在公司登记机关登记的实收股本总额。法律、行政法规以及国务院决定对股份有限公司注册资本实缴、注册资本最低限额另有规定的，从其规定。

（二）公司设立的条件

公司法规定设立有限责任公司，应当具备下列条件：

（1）股东符合法定人数；

（2）有符合公司章程规定的全体股东认缴的出资额；

（3）股东共同制定公司章程；

（4）有公司名称，建立符合有限责任公司要求的组织机构；

（5）有公司住所。

其中有限责任公司由50个以下股东出资设立，公司以其主要办事机构所在地为住所地。

依法设立的有限责任公司，必须在公司名称中标明有限责任公司或者有限公司字样。

设立股份有限公司，应当具备下列条件：

（1）发起人符合法定人数；

（2）有符合公司章程规定的全体发起人认购的股本总额或者募集的实收股本总额；

（3）股份发行、筹办事项符合法律规定；

（4）发起人制订公司章程，采用募集方式设立的经创立大会通过；

（5）有公司名称，建立符合股份有限公司要求的组织机构；

（6）有公司住所。

设立股份有限公司，必须在公司名称中标明股份有限公司或者股份公司字样。

设立公司，应当依法向公司登记机关申请设立登记，符合规定的设立条件的，由公司登记机关分别登记为有限责任公司或者股份有限公司。其他法律、行政法规规定设立公司必须报经批准的，应当在公司登记前依法办理批准手续。同时，公众可以向公司登记机关申请查询公司登记事项，公司登记机关应当提供查询服务。

二、公司成立与公司瑕疵设立

（一）公司成立

公司成立，是指公司符合法律规定的条件，经登记机关注册登记并取得营业执照的行为。

值得注意的是，公司成立与公司设立具有不同的含义。公司设立发生在公司成立之前，而公司成立则发生于公司依法注册登记以后。从二者的法律地位来看，设立中的公司尚未取得法人资格，不具有独立的法人地位，其内外部关系一般被视为合伙，设立中公司所发生的债权债务关系也适用合伙企业法的相关规定。而公司成立即取得独立的法人资格，发起人为设立公司而实施的法律行为，其法律后果在公司成立以后归于公司。

法律规定，依法成立的公司，由公司登记机关发给公司营业执照。公司可以设立分公司。设立分公司，应当向公司登记机关申请登记，领取营业执照。分公司不具有法人资格，其民事责任由公司承担。公司还可以设立子公司，子公司具有法人资格，依法独立承担民事责任。公司营业执照签发日期为公司的成立日期。公司营业执照应当载明公司的名称、住所、注册资本、经营范围、法定代表人姓名等事项。公司营业执照记载的事项发生变更的，公司应当依法办理变更登记，由公司登记机关换发营业执照。

未依法登记为有限责任公司或者股份有限公司，而冒用有限责任公司或者股份有限公司名义的，或者未依法登记为有限责任公司或者股份有限公司的分公司，而冒用有限责任公司或者股份有限公司的分公司名义的，由公司登记机关责令改正或者予以取缔，可以并处10万元以下的罚款。公司登记事项发生变更时，未依照公司法规定办理有关变更登记的，由公司登记机关责令限期登记；逾期不登记的，处以1万元以上10万元以下的罚款。公司成立后无正当理由超过6个月未开业的，或者开业后自行停业连续6个月以上的，可以由公司登记机关吊销营业执照。

（二）公司瑕疵设立

公司瑕疵设立，是指公司设立在形式上已经完成并获得营业执照，但由于存在实质条件或程序方面的瑕疵而依法应予撤销的情况。

根据公司法的规定，违反规定，虚报注册资本、提交虚假材料或者采取其他欺诈手段隐瞒重要事实取得公司登记的，由公司登记机关责令改正，对虚报注册资本的公司，处以虚报注册资本金额5%以上15%以下的罚款；对提交虚假材料或者采取其他欺诈手段隐瞒重要事实的公司，处以5万元以上50万元以下的罚款；情节严重的，撤销公司登记或者吊销营业执照。可以看出，立法方面对公司瑕疵设立行为倾向于认定其有效，只有情节严重时，才由公司登记机关予以撤销登记或者吊销营业执照。

三、公司的章程

公司章程，是指公司必备的规范公司组织及活动的基本规则的书面文件。公司法规定，设立公司必须依法制定公司章程。公司章程对公司、股东、董事、监事、高级管理人员具有约束力。有限责任公司和以发起设立方式设立的股份有限公司，公司章程由全体股东共同制定并签名、盖章；而采用募集方式设立的股份有限公司，则由发起人草拟公司章程，并由创立大会通过。

有限责任公司章程应当载明下列事项：(1) 公司名称和住所；(2) 公司经营范围；(3) 公司注册资本；(4) 股东的姓名或者名称；(5) 股东的出资方式、出资额和出资时间；(6) 公司的机构及其产生办法、职权、议事规则；(7) 公司法定代表人；(8) 股东会会议认为需要规定的其他事项。股东应当在公司章程上签名、盖章。

股份有限公司章程应当载明下列事项：(1) 公司名称和住所；(2) 公司经营范围；(3) 公司设立方式；(4) 公司股份总数、每股金额和注册资本；(5) 发起人的姓名或者名称、认购的股份数、出资方式和出资时间；(6) 董事会的组成、职权和议事规则；(7) 公司法定代表人；(8) 监事会的组成、职权和议事规则；(9) 公司利润分配办法；(10) 公司的解散事由与清算办法；(11) 公司的通知和公告办法；(12) 股东大会会议认为需要规定的其他事项。

需要说明的是，对于超出公司经营范围的行为的效力，公司法作出了以下规定：公司的经营范围由公司章程规定，并依法登记。公司可以修改公司章程，改变经营范围，但是应当办理变更登记。公司的经营范围中属于法律、行政法规规定须经批准的项目，应当依法经过批准。

【法条指引】

中华人民共和国公司法（节录）

第二十三条 设立有限责任公司，应当具备下列条件：

（一）股东符合法定人数；

（二）有符合公司章程规定的全体股东认缴的出资额；

（三）股东共同制定公司章程；

（四）有公司名称，建立符合有限责任公司要求的组织机构；

（五）有公司住所。

第二十四条 有限责任公司由五十个以下股东出资设立。

第七十六条 设立股份有限公司，应当具备下列条件：

（一）发起人符合法定人数；

（二）有符合公司章程规定的全体发起人认购的股本总额或者募集的实收股本总额；

（三）股份发行、筹办事项符合法律规定；

（四）发起人制订公司章程，采用募集方式设立的经创立大会通过；

（五）有公司名称，建立符合股份有限公司要求的组织机构；

（六）有公司住所。

第七十七条 股份有限公司的设立，可以采取发起设立或者募集设立的方式。

发起设立，是指由发起人认购公司应发行的全部股份而设立公司。

募集设立，是指由发起人认购公司应发行股份的一部分，其余股份向社会公开募集或者向特定对象募集而设立公司。

第七十八条 设立股份有限公司，应当有二人以上二百人以下为发起人，其中须有半数以上的发起人在中国境内有住所。

第三节 公司的资本与资产制度

【规则要点】

公司资本，是指公司成立时由公司章程规定的、由股东出资形成的公司财产总额。中国已由原来的实缴资本登记制改为注册资本认缴登记制。

【理解与适用】

一、公司的资本

公司资本，也称为公司的注册资本，是指公司成立时由公司章程规定的、由股东出资形成的公司财产总额。

值得注意的是，由于立法的修改，中国已由原来的实缴资本登记制改为注册资本认缴登记制，公司档案中已不再登记股东实际缴纳的金额，只登记各个股东认缴的金额，公司注册资本即股东认缴资本。

有限责任公司的注册资本为在公司登记机关登记的全体股东认缴的出资额。法律、行政法规以及国务院决定对有限责任公司注册资本实缴、注册资本最低限额另有规定的，从其规定。股东可以用货币出资，也可以用实物、知识产权、土地使用权等可以用货币估价并能依法转让的非货币财产作价出资；但是，法律、行政法规规定不得作为出资的财产除外。对作为出资的非货币财产应当评估作价、核实财产，不得高估或者低估作价。法律、行政法规对评估作价有规定的，从其规定。

股东应当按期足额缴纳公司章程中规定的各自所认缴的出资额。股东以货币出资的，应当将货币出资足额存入有限责任公司在银行开设的账户；以非货币财产出资的，应当依法办理其财产权的转移手续。股东不按照规定缴纳出资的，除应当向公司足额缴纳外，还应当向已按期足额缴纳出资的股东承担违约责任。

股东认足公司章程规定的出资后，由全体股东指定的代表或者共同委托的代理人向公司登记机关报送公司登记申请书、公司章程等文件，申请设立登记。有限责任公司成立后，发现作为设立公司出资的非货币财产的实际价额显著低于公司章程所定价额的，应当由交付该出资的股东补足其差额；公司设立时的其他股东承担连带责任。公司成立后，股东不得抽逃出资。

有限责任公司成立后，应当向股东签发出资证明书。出资证明书应当载明下列事项：（1）公司名称；（2）公司成立日期；（3）公司注册资本；（4）股东的姓名或者名称、缴纳的出资额和出资日期；（5）出资证明书的编号和核发日期。出资证明书由公司盖章。公司的发起人、股东虚假出资，未交付或者未按期交付作为出资的货币或者非货币财产的，由公司登记机关责令改正，处以虚假出资金额 5% 以上 15% 以下的罚款。公司的发起人、股东在公司成立后，抽逃其出资的，由公司登记机关责令改正，处以所抽逃出资金额 5% 以上 15% 以下的罚款。

二、公司对外投资制度

公司法规定公司可以向其他企业投资。但是，除法律另有规定外，公司不得成为对所投资企业的债务承担连带责任的出资人。公司向其他企业投资或者为他人提供担保的，依照公司章程的规定，由董事会或者股东会、股东大会决议；公司章程对投资或者担保的总额及单项投资或者担保的数额有限额规定的，不得超过规定的限额。公司为公司股东或者实际控制人提供担保的，必须经股东会或者股东大会决议。但是该股东以及实际控制人支配的股东，不得参加该担保事项的表决，该项表决由出席会议的其他股东所持表决权的过半数通过。

【风险提示】

公司虽已被吊销营业执照且进入清算程序，并不影响股东继续向公司履行出资义务，也不影响其他股东要求未出资的股东继续履行出资义务的权利履行。

股东以实物形式出资的，应及时完成出资义务，否则公司进入清算程序后，公司及其他股东可以要求该股东的出资方式由实物出资变更为货币出资。

在公司设立时，各个股东不仅要约定每个股东的出资额和出资方式，还可以约定股东逾期出资时应当承担的违约责任。股东逾期出资的，其他股东要求该股东除履行出资义务外，还应按协议约定承担违约责任的，法院将予以支持。

【相关案例】

最高人民法院沧州华风国富良种繁育有限公司与新疆天川毛纺织（集团）有限责任公司股东出资纠纷案

2007年10月9日，新疆天川毛纺织（集团）有限责任公司（以下简称天川公司）、沧州华风国富良种繁育有限公司（以下简称华风公司）、昌吉市国有资产管理中心（以下简称昌吉市国资中心）签订《新疆天川华风生物科技发展有限公司合同》，约定三方共同出资设立天川华风公司，公司注册资本3000万元，其中天川公司以“经评估后的洗毛、制条设备及厂房、土地等资产和现金100万元，共计1400万元”出资入股。后天川公司、华风公司、昌吉市国资中心在《公司章程》中认定天川公司认缴出资1400万元，实缴货币出资200万元，其余未缴足的注册资本1200万元于

2009年11月7日之前缴足。同日，天川公司、华风公司、昌吉市国资中心还达成了《股东会纪要》，该纪要载明：各股东应按股东会纪要商定的期限按期出资，凡逾期出资的，应加付银行利息。2010年11月18日，新疆昌吉市工商局以天川华风公司在法定年检期间未参加2009年度企业年检、亦未补办年检手续为由，决定吊销天川华风公司的企业法人营业执照。天川华风公司已进入强制清算程序。后华风公司以天川公司未履行全面出资义务为由，向新疆高院提起诉讼，请求天川公司向天川华风公司缴付出资1200万元，并支付自2009年11月8日起至实际出资缴付完毕之日的利息。

本案经历一审后，由最高人民法院进行二审，最高人民法院认为天川公司应向天川华风公司缴纳1200万元的实物和现金出资，均应变更为现金出资，该变更有利于天川华风公司清算程序的进行，且也不会因此加重天川公司的出资负担。同时，根据《股东会纪要》第九条“各股东应按本纪要商定的期限按期出资，凡逾期出资的，加付银行利息”之约定，天川公司应自2009年11月8日起，以未交纳的1200万元出资额为基数，按照中国人民银行同期存款基准利率向天川华风公司支付未缴纳出资额的利息。

【法条指引】

中华人民共和国公司法（节录）

第二十七条 股东可以用货币出资，也可以用实物、知识产权、土地使用权等可以用货币估价并可以依法转让的非货币财产作价出资；但是，法律、行政法规规定不得作为出资的财产除外。

对作为出资的非货币财产应当评估作价，核实财产，不得高估或者低估作价。法律、行政法规对评估作价有规定的，从其规定。

第二十八条 股东应当按期足额缴纳公司章程中规定的各自所认缴的出资额。股东以货币出资的，应当将货币出资足额存入有限责任公司在银行开设的账户；以非货币财产出资的，应当依法办理其财产权的转移手续。

股东不按照前款规定缴纳出资的，除应当向公司足额缴纳外，还应当向已按期足额缴纳出资的股东承担违约责任。

最高人民法院《关于适用〈中华人民共和国公司法〉若干问题的规定（三）》（节录）

第九条 出资人以非货币财产出资，未依法评估作价，公司、其他股东或者公司债权人请求认定出资人未履行出资义务的，人民法院应当委托具有合法资格的评估机构对该财产评估作价。评估确定的价额显著低于公司章程所定价额的，人民法院应当认定出资人未依法全面履行出资义务。

第十条 出资人以房屋、土地使用权或者需要办理权属登记的知识产权等财产出资，已经交付公司使用但未办理权属变更手续，公司、其他股东或者公司债权人主张认定出资人未履行出资义务的，人民法院应当责令当事人在指定的合理期间内办理权属变更手续；在前述期间内办理了权属变更手续的，人民法院应当认定其已经履行了出资义务；出资人主张自其实际交付财产给公司使用时享有相应股东权利的，人民法院应予支持。

出资人以前款规定的财产出资，已经办理权属变更手续但未交付给公司使用，公司或者其他股东主张其向公司交付、并在实际交付之前不享有相应股东权利的，人民法院应予支持。

第四节　公司的组织机构制度

【规则要点】

公司组织机构，是指表达公司意志、管理公司内外部事务的机构。公司组织机构主要有股东会、董事会、监事会等。

【理解与适用】

公司组织机构是实现公司治理的物质载体，公司治理的目标是通过其组织机构实现的。因此，公司的组织机构是公司成为法人组织的必要条件，是公司作为法人的重要标志。

一、股东会

（一）股东会的职权

股东会由公司的全体股东组成，是公司内部意思决定的最高机关和决策机关。公司法明确规定股东会的职权为：决定公司的经营方针和投资计划；选举和更换非由职工代表担任的董事、监事，决定有关董事、监事的报酬事项；审议批准董事会的报告；审议批准监事会或者监事的报告；审议批准公司的年度财务预算方案、决算方案；审议批准公司的利润分配方案和弥补亏损方案；对公司增加或者减少注册资本作出决议；对发行公司债券作出决议；对公司合并、分立、解散、清算或者变更公司形式作出决议；修改公司章程；公司章程规定的其他职权。

股东会的权利行使方式主要是通过召开股东会会议，但是对于前述事项，股东以书面形式一致表示同意的，可以不召开股东会会议，而是直接作出决定，并由全体股东在决定文件上签名、盖章。

（二）股东会的权力行使方式——股东会议

股东会并非公司的常设机构，股东会会议分为定期会议和临时会议。定期会议按照公司章程的规定按期召开，股份公司的股东大会应当每年召开一次年会。

当出现法定事由时，股东、董事、监事可以提请召开临时会议。公司法对临时会议的召开作出了以下规定：代表1/10以上表决权的股东，1/3以上的董事，监事会或者不设监事会的公司的监事提议召开临时会议的，应当召开临时会议。

有下列情形之一的，应当在2个月内召开临时股东大会：

（1）董事人数不足本法规定人数或者公司章程所定人数的2/3时；

（2）公司未弥补的亏损达实收股本总额1/3时；

（3）单独或者合计持有公司10%以上股份的股东请求时；

（4）董事会认为必要时；

（5）监事会提议召开时；

（6）公司章程规定的其他情形。

各国均在法律中明确规定，股东会会议最主要的召集人员是董事会或者监事会。公司法对有限责任公司和股份有限公司股东会的召集作出了区分，具体规则如下：

对于有限责任公司，首次股东会会议由出资最多的股东召集和主持。有限责任公司设立董事会的，股东会会议由董事会召集，董事长主持；董事长不能履行职务或者不履行职务的，由副董事长主持；副董事长不能履行职务或者不履行职务的，由半数以上董事共同推举一名董事主持。有限责任公司不设董事会的，股东会会议由执行董事召集和主持；董事会或者执行董事不能履行或者不履行召集股东会会议职责的，由监事会或者不设监事会的公司的监事召集和主持；监事会或者监事不召集和主持的，代表1/10以上表决权的股东可以自行召集和主持。召开股东会会议，应当于会议召开15日前通知全体股东，但是公司章程另有规定或者全体股东另有约定的除外。股东会应当对所议事项的决定作成会议记录，出席会议的股东应当在会议记录上签名。公司法和公司章程规定公司转让、受让重大资产或者对外提供担保等事项必须经股东大会作出决议的，董事会应当及时召集股东大会会议，由股东大会就上述事项进行表决。

对于股份有限公司而言，股东大会会议由董事会召集，董事长主持；董事长不能履行职务或者不履行职务的，由副董事长主持；副董事长不能履行职务或者不履行职务的，由半数以上董事共同推举一名董事主持。董事会不能履行或者不履行召集股东大会会议职责的，监事会应当及时召集和主持；监事会不召集和主持的，连续90日以上单独或者合计持有公司10%以上股份的股东可以自行召集和主持。召开股东大会会议，应当将会议召开的时间、地点和审议的事项于会议召开20日前通知各股东；临时股东大会应当于会议召开15日前通知各股东；发行无记名股票的，应当于会议召开30日前公告会议召开的时间、地点和审议事项。单独或者合计持有公司3%以上股份的股东，可以在股东大会召开10日前提出临时提案并书面提交董事会；董事会应当在收到提案后2日内通知其他股东，并将该临时提案提交股东大会审议。临时提案的内容应当属于股东大会职权范围，并有明确议题和具体决议事项。股东大会不得对通知中未列明的事项作出决议。无记名股票持有人出席股东大会会议的，应当于会议召开5日前至股东大会闭会时将股票交存于公司。股东大会选举董事、监事，可以依照公司章程的规定或者股东大会的决议，实行累积投票制。所谓累积投票制，是指股东大会选举董事或者监事时，每一股份拥有与应选董事或者监事人数相同的表决权，股东拥有的表决权可以集中使用。股东大会应当对所议事项的决定作成会议记录，主持人、出席会议的董事应当在会议记录上签名。会议记录应当与出席股东的签名册及代理出席的委托书一并保存。

（三）股东会的议事方式

有限责任公司由于人合性特征，加上规模比较小，股东参加股东会除了章程规定外，由股东按照出资比例行使表决权。股东会的议事方式和表决程序，由公司章程规定。股东会会议作出修改公司章程、增加或者减少注册资本的决议，以及公司合并、分立、解散或者变更公司形式的决议，必须经代表 2/3 以上表决权的股东通过。

公司法对于股份公司形成决议的会议出席人数没有限制，但是对于表决权的比例作出了规定。股东出席股东大会会议，所持每一股有一表决权。但是，公司持有的本公司股份没有表决权。股东大会作出决议，必须经出席会议的股东所持表决权过半数通过。但是，股东大会作出修改公司章程、增加或者减少注册资本的决议，以及公司合并、分立、解散或者变更公司形式的决议，必须经出席会议的股东所持表决权的 2/3 以上通过。股东表决权是股东身份的象征，一般应由股东行使，但是股东也可以委托代理人出席股东大会会议，代理人应当向公司提交股东授权委托书，并在授权范围内行使表决权。

二、董事会

（一）董事会的组成

董事会是由股东会选举产生的行使公司经营决策权和业务执行权的常设机构。有限责任公司董事会的成员为 3 人至 13 人，股份有限公司董事会成员为 5 人至 19 人。股东人数较少或者规模较小的有限责任公司，可以设一名执行董事，不设董事会。

2 个以上的国有企业或者 2 个以上的其他国有投资主体投资设立的有限责任公司，其董事会成员中应当有公司职工代表；其他有限责任公司董事会成员中可以有公司职工代表。董事会中的职工代表由公司职工通过职工代表大会、职工大会或者其他形式民主选举产生。

董事会设董事长 1 人，可以设副董事长。有限责任公司的董事长、副董事长的产生办法由公司章程规定。股份有限公司的董事长和副董事长由董事会以全体董事的过半数选举产生。

董事任期由公司章程规定，但每届任期不得超过3年。董事任期届满，连选可以连任。董事任期届满未及时改选，或者董事在任期内辞职导致董事会成员低于法定人数的，在改选出的董事就任前，原董事仍应当履行董事职务。

（二）董事会的职权

公司的董事会对股东会负责，行使下列职权：召集股东会会议，并向股东会报告工作；执行股东会的决议；决定公司的经营计划和投资方案；制订公司的年度财务预算方案、决算方案；制订公司的利润分配方案和弥补亏损方案；制订公司增加或者减少注册资本以及发行公司债券的方案；制订公司合并、分立、解散或者变更公司形式的方案；决定公司内部管理机构的设置；决定聘任或者解聘公司经理及其报酬事项，并根据经理的提名决定聘任或者解聘公司副经理、财务负责人及其报酬事项；制定公司的基本管理制度；公司章程规定的其他职权。

（三）董事会权利行使和议事方式

有限责任公司董事会的议事方式和表决程序，除法律另有规定的外，由公司章程规定。董事会会议由董事长召集和主持；董事长不能履行职务或者不履行职务的，由副董事长召集和主持；副董事长不能履行职务或者不履行职务的，由半数以上董事共同推举一名董事召集和主持。董事会应当对所议事项的决定作成会议记录，出席会议的董事应当在会议记录上签名。董事对董事会的决议承担责任。如果董事会的决议违反法律、行政法规或者公司章程、股东大会决议，致使公司遭受严重损失的，参与决议的董事应对公司负赔偿责任。但该董事在表决时曾表明异议并记载于会议记录的，可以免除责任。

法律对股份有限公司董事会的议事方式和表决程序作了更为具体的规定。董事会会议应有过半数的董事出席方可举行。董事会作出决议，必须经全体董事的过半数通过。董事会每年度至少召开两次会议，每次会议应当于会议召开10日前通知全体董事和监事。代表1/10以上表决权的股东、1/3以上董事或者监事会，可以提议召开董事会临时会议。董事长应当自接到提议后10日内，召集和主持董事会会议。董事会召开临时会议，可以另定召集董事会的通知方式和通知时限。董事长召集和主持董事会会议，检查董事会决议的实施情况。副董事长协助董事长工作，董事长不能履行职务或者不履行职务的，由副董事长履行职务；副董事长不能履行职务或者不履行职务的，由半数以上董事共同推举一名董事履行职务。董事会会议，应由董事本人出席；董事因故不能出席，可以书面委托其他董事代为出席，委托书中应载明授权范围。

董事会决议的表决，实行一人一票。如果董事会决议的事项违反法律、行政法规的规定，则该决议应为无效决议；如果董事会的会议召集程序、表决方式违反法律、行政法规的强制性规定，则该决议为无效决议。

（四）经理的职权

有限责任公司的经理由董事会决定聘任或者解聘，对董事会负责，董事会成员可以兼任公司经理。经理是负责公司的日常事务和经营管理的高级管理人员，其法定职权具体包括：主持公司的生产经营管理工作，组织实施董事会决议；组织实施公司年度经营计划和投资方案；拟订公司内部管理机构设置方案；拟订公司的基本管理制度；制定公司的具体规章；提请聘任或者解聘公司副经理、财务负责人；决定聘任或者解聘除应由董事会决定聘任或者解聘以外的负责管理人员；董事会授予的其他职权。

经理可以列席董事会会议，经理的职权也可以由公司章程规定。

三、监事会

（一）监事会的组成

监事会是依法产生的对董事和经理的经营管理行为及公司财务进行监督的常设机构。公司监事会的成员不得少于 3 人，其中股东人数较少或者规模较小的有限责任公司，可以设 1 名至 2 名监事，不设监事会。监事会应当包括股东代表和适当比例的公司职工代表，其中职工代表的比例不得低于 1/3，具体比例由公司章程规定。监事会中的职工代表由公司职工通过职工代表大会、职工大会或者其他形式民主选举产生。监事会设主席一人，股份有限公司还可以设副主席，由全体监事过半数选举产生。

监事会主席召集和主持监事会会议，当监事会主席不能履行职务或者不履行职务的，由监事会副主席召集和主持监事会会议；监事会副主席不能履行职务或者不履行职务的，由半数以上监事共同推举 1 名监事召集和主持监事会会议。董事、高级管理人员不得兼任监事。

（二）监事的任期

与董事的任期由公司章程规定不同，监事的任期由法律直接规定。公司法规定：监事的任期为每届3年，任期届满连选可以连任。监事任期届满未及时改选，或者监事在任期内辞职导致监事会成员低于法定人数的，在改选出的监事就任前，原监事仍应当依照法律、行政法规和公司章程的规定，履行监事职务。

（三）监事和监事会的职权

监事会、不设监事会的公司的监事行使下列职权：检查公司财务；对董事、高级管理人员执行公司职务的行为进行监督，对违反法律、行政法规、公司章程或者股东会决议的董事、高级管理人员提出罢免的建议；当董事、高级管理人员的行为损害公司的利益时，要求董事、高级管理人员予以纠正；提议召开临时股东会会议，在董事会不履行公司法规定的召集和主持股东会会议职责时召集和主持股东会会议；向股东会会议提出提案；对董事、高级管理人员提起诉讼；公司章程规定的其他职权。

（四）监事会职权的行使方式

监事可以列席董事会会议，并对董事会决议事项提出质询或者建议。监事会、不设监事会的公司的监事发现公司经营情况异常，可以进行调查；必要时，可以聘请会计师事务所等协助其工作，费用由公司承担；监事会行使职权所必需的费用，由公司承担。有限责任公司的监事会应每年度至少召开一次会议，股份有限公司的监事会每6个月至少召开一次会议，监事还可以提议召开临时监事会会议。监事会的议事方式和表决程序，除法律有规定的外，由公司章程规定。监事会决议应当经半数以上监事通过。监事会应当对所议事项的决定作成会议记录，出席会议的监事应当在会议记录上签名。

四、公司董事、监事和高级管理人员的资格、义务和责任

（一）公司董事、监事和高级管理人员的资格

公司法规定了董事、监事和高级管理人员的消极任职资格。

有下列情形之一的，不得担任公司的董事、监事、高级管理人员：

（1）无民事行为能力或者限制民事行为能力；

（2）因贪污、贿赂、侵占财产、挪用财产或者破坏社会主义市场经济秩序，被判处刑罚，执行期满未逾 5 年，或者因犯罪被剥夺政治权利，执行期满未逾 5 年；

（3）担任破产清算的公司、企业的董事或者厂长、经理，对该公司、企业的破产负有个人责任的，自该公司、企业破产清算完结之日起未逾 3 年；

（4）担任因违法被吊销营业执照、责令关闭的公司、企业的法定代表人，并负有个人责任的，自该公司、企业被吊销营业执照之日起未逾 3 年；

（5）个人所负数额较大的债务到期未清偿。

如果公司违反以上规定选举、委派董事、监事或者聘任高级管理人员的，该选举、委派或者聘任无效。董事、监事、高级管理人员在任职期间出现以上所列情形的，公司应当解除其职务。

（二）公司董事、监事和高级管理人员的义务

公司法规定，董事、监事、高级管理人员应当遵守法律、行政法规和公司章程，对公司负有忠实义务和勤勉义务。董事、监事、高级管理人员不得利用职权收受贿赂或者其他非法收入，不得侵占公司的财产。

具体而言，董事、高级管理人员不得有下列行为：

（1）挪用公司资金；

（2）将公司资金以其个人名义或者以其他个人名义开立账户存储；

（3）违反公司章程的规定，未经股东会、股东大会或者董事会同意，将公司资金借贷给他人或者以公司财产为他人提供担保；

（4）违反公司章程的规定或者未经股东会、股东大会同意，与本公司订立合同或者进行交易；

（5）未经股东会或者股东大会同意，利用职务便利为自己或者他人谋取属于公司的商业机会，自营或者为他人经营与所任职公司同类的业务；

（6）接受他人与公司交易的佣金归为己有；

（7）擅自披露公司秘密；

（8）违反对公司忠实义务的其他行为。

董事、高级管理人员违反以上规定所得的收入应当归公司所有。

（三）公司董事、监事和高级管理人员的责任

董事、监事、高级管理人员执行公司职务时违反法律、行政法规或者

公司章程的规定，给公司造成损失的，应当承担赔偿责任。股东会或者股东大会要求董事、监事、高级管理人员列席会议的，董事、监事、高级管理人员应当列席并接受股东的质询。董事、高级管理人员应当如实向监事会或者不设监事会的有限责任公司的监事提供有关情况和资料，不得妨碍监事会或者监事行使职权。公司应当定期向股东披露董事、监事、高级管理人员从公司获得报酬的情况，不得直接或者通过子公司向董事、监事、高级管理人员提供借款。

董事、高级管理人员违反法律、行政法规或者公司章程的规定，损害股东利益的，股东可以向人民法院提起诉讼。董事、高级管理人员违反忠实勤勉义务的，有限责任公司的股东、股份有限公司连续180日以上单独或者合计持有公司1%以上股份的股东，可以书面请求监事会或者不设监事会的有限责任公司的监事向人民法院提起诉讼；监事违反忠实勤勉义务的，前述股东可以书面请求董事会或者不设董事会的有限责任公司的执行董事向人民法院提起诉讼。监事会、不设监事会的有限责任公司的监事，或者董事会、执行董事收到前述规定的股东书面请求后拒绝提起诉讼，或者自收到请求之日起30日内未提起诉讼，或者情况紧急不立即提起诉讼将会使公司利益受到难以弥补的损害的，前述股东有权为了公司的利益以自己的名义直接向人民法院提起诉讼。

公司法定代表人依照公司章程的规定，由董事长、执行董事或者经理担任，并依法登记。公司法定代表人变更，应当办理变更登记。

【法条指引】

中华人民共和国公司法（节录）

第三十六条 有限责任公司股东会由全体股东组成。股东会是公司的权力机构，依照本法行使职权。

第四十四条 有限责任公司设董事会，其成员为三人至十三人；但是，本法第五十条另有规定的除外。

两个以上的国有企业或者两个以上的其他国有投资主体投资设立的有限责任公司，其董事会成员中应当有公司职工代表；其他有限责任公司董事会成员中可以有公司职工代表。董事会中的职工代表由公司职工通过职工代表大会、职工大会或者其他形式民主选举产生。

董事会设董事长一人，可以设副董事长。董事长、副董事长的产生办法由公司章程规定。

第五十条 股东人数较少或者规模较小的有限责任公司，可以设一名执行董事，不设董事会。执行董事可以兼任公司经理。

执行董事的职权由公司章程规定。

第五十一条 有限责任公司设监事会，其成员不得少于三人。股东人数较少或者规模较小的有限责任公司，可以设一至二名监事，不设监事会。

监事会应当包括股东代表和适当比例的公司职工代表，其中职工代表的比例不得低于三分之一，具体比例由公司章程规定。监事会中的职工代表由公司职工通过职工代表大会、职工大会或者其他形式民主选举产生。

监事会设主席一人，由全体监事过半数选举产生。监事会主席召集和主持监事会会议；监事会主席不能履行职务或者不履行职务的，由半数以上监事共同推举一名监事召集和主持监事会会议。

董事、高级管理人员不得兼任监事。

第五节 股东权利保护制度

【规则要点】

股东，是指向公司出资并对公司享有权利、承担义务的人。一方面，公司股东应当遵守法律、行政法规和公司章程，依法行使股东权利，不得滥用股东权利损害公司或者其他股东的利益；不得滥用公司法人独立地位和股东有限责任损害公司债权人的利益。另一方面，法律也保护股东，尤其是要特别保护小股东的合法权益。

【理解与适用】

一、股东身份的确认

有限责任公司成立后，应当向股东签发出资证明书。出资证明书由公司盖章，是投资人成为股东，并依法享有股东权利、承担股东义务的法律凭证。

有限责任公司应当置备股东名册，记载下列事项：

(1) 股东的姓名或者名称及住所；

(2) 股东的出资额；

(3) 出资证明书编号。

记载于股东名册的股东，可以依股东名册主张行使股东权利。公司应当将股东的姓名或者名称向公司登记机关登记；登记事项发生变更的，应当办理变更登记。未经登记或者变更登记的，不得对抗第三人。

二、实际出资人的法律地位

实际出资人，也称隐名股东，是指对公司实际出资，却将该出资记载或登记在他人名下的出资人。关于实际出资人的法律地位，公司法未有明确的规定。根据《最高人民法院关于适用〈中华人民共和国公司法〉若干问题的规定（三)》的相关规定，实际出资人并不因为其实际出资行为而当然取得公司股东的法律地位，仍需要其他股东半数以上同意并满足成为股东的其他形式要件。但这并不影响实际出资人基于与名义出资人之间订立的合同的效力。实际出资人与名义出资人基于隐名出资合同而负有向公司实际出资的义务，如果其未实际履行出资义务，则名义股东需在未履行义务范围内继续履行并承担相应责任，但有权向实际出资人追偿。

冒用他人名义出资并将他人作为股东在公司登记机关登记的，冒名登记行为人应当承担相应责任；公司、其他股东或者公司的债权人无权要求被冒名登记为股东的行为人承担补足出资责任或者对公司债务不能清偿部分的赔偿责任。

三、股东的权利

股东权利，简称股权，是指股东依法在公司中享有的身份权和财产权的总称。股东权利的来源主要有两个：一是法律的直接规定，二是公司章程的规定。

（一）知情权

股东有权查阅、复制公司章程、股东会会议记录、董事会会议决议、监事会会议决议和财务会计报告。股东可以要求查阅公司会计账簿。股东要求查阅公司会计账簿的，应当向公司提出书面请求，说明目的。公司有合理根据认为股东查阅会计账簿有不正当目的，可能损害公司合法利益的，可以拒绝提供查阅，并应当自股东提出书面请求之日起15日内书面答复股东并说明理由。公司拒绝提供查阅的，股东可以请求人民法院要求公司提供查阅。股东有权查阅公司章程、股东名册、公司债券存根、股东大会会议记录、董事会会议决议、监事会会议决议、财务会计报告，对公司的经营提出建议或者质询。上市公司必须依照法律、行政法规的规定，公开其财务状况、经营情况及重大诉讼，在每会计年度内半年公布一次财务会计报告。

（二）股东表决权

除章程另有规定的以外，股东会会议由股东按照出资比例行使表决权。但是公司股东应当遵守法律、行政法规和公司章程，依法行使股东权利，不得滥用股东权利损害公司或者其他股东的利益；不得滥用公司法人独立地位和股东有限责任损害公司债权人的利益。公司股东滥用股东权利给公司或者其他股东造成损失的，应当依法承担赔偿责任。公司股东滥用公司法人独立地位和股东有限责任，逃避债务，严重损害公司债权人利益的，应当对公司债务承担连带责任。

（三）股东分红权和优先认购权

股东作为投资人，其最终的目的就是获得利润。根据公司法的规定，股东按照实缴的出资比例分取红利；公司新增资本时，股东有权优先按照实缴的出资比例认缴出资。但是，全体股东约定不按照出资比例分取红利或者不按照出资比例优先认缴出资的除外。

四、关联关系的规制

公司法在强化股东权利的同时，还建立和完善了关联交易制度，以进一步保障中小股东的权利。

（一）控股股东、实际控制人、关联关系的界定

公司法对控股股东、实际控制人、关联关系的概念有明确的界定。控股股东，是指其出资额占有限责任公司资本总额50%以上或者其持有的股份占股份有限公司股本总额50%以上的股东；出资额或者持有股份的比例

虽然不足50%，但依其出资额或者持有的股份所享有的表决权已足以对股东会、股东大会的决议产生重大影响的股东。实际控制人，是指虽不是公司的股东，但通过投资关系、协议或者其他安排，能够实际支配公司行为的人。关联关系，是指公司控股股东、实际控制人、董事、监事、高级管理人员与其直接或者间接控制的企业之间的关系，以及可能导致公司利益转移的其他关系。但是，国家控股的企业之间不因为同受国家控股而具有关联关系。

（二）控股股东、实际控制人的义务与责任

公司的控股股东、实际控制人、董事、监事、高级管理人员不得利用其关联关系损害公司利益。若违反上述规定给公司造成损失的，应当承担赔偿责任。

公司股东应当遵守法律、行政法规和公司章程，依法行使股东权利，不得滥用股东权利损害公司或者其他股东的利益；不得滥用公司法人独立地位和股东有限责任损害公司债权人的利益。公司股东滥用股东权利给公司或者其他股东造成损失的，应当依法承担赔偿责任。公司股东滥用公司法人独立地位和股东有限责任，逃避债务，严重损害公司债权人利益的，应当对公司债务承担连带责任。公司为公司股东或者实际控制人提供担保的，必须经股东会或者股东大会决议。前述股东或者实际控制人支配的股东，不得参加前述事项的表决。该项表决由出席会议的其他股东所持表决权的过半数通过。

五、股东权利的司法救济

公司法规定了多种股东的权利救济方式。

（一）股东直接提起诉讼

当公司的权益受到董事、监事或高级管理人员的侵害，而公司怠于行使权利时，股东有权以自己的名义提起诉讼。具体规则如下：当董事、高级管理人员违反忠实勤勉义务时，有限责任公司的股东、股份有限公司连续180日以上单独或者合计持有公司1%以上股份的股东，可以书面请求监事会或者不设监事会的有限责任公司的监事向人民法院提起诉讼；当监事违反忠实勤勉义务时，前述股东可以书面请求董事会或者不设董事会的有限责任公司的执行董事向人民法院提起诉讼。监事会、不设监事会的有限责任公司的监事，或者董事会、执行董事收到股东书面请求后拒绝提起诉讼，或者自收到请求之日起30日内未提起诉讼，或者情况紧急不立即提起诉讼将会使公司利益受到难以弥补的损害的，前述股东有权为了公司的利益以自己的名义直接向人民法院起诉。

此外，他人侵犯公司合法权益，给公司造成损失的，前述股东也可以向人民法院提起诉讼。

（二）股东退股诉讼

实践中，一些有限责任公司的大股东会利用对公司的控制，损害小股东的利益。为了保护有限责任公司中小股东的合法权益，公司法规定有下列情形之一的，对股东会该项决议投反对票的股东可以请求公司按照合理的价格收购其股权：

（1）公司连续5年不向股东分配利润，而公司该5年连续盈利，并且符合有关规定的分配利润条件的；

（2）公司合并、分立、转让主要财产的；

（3）公司章程规定的营业期限届满或者章程规定的其他解散事由出现，股东会会议通过决议修改章程使公司存续的。

如果自股东会会议决议通过之日起60日内，股东与公司不能达成股权收购协议的，股东可以自股东会会议决议通过之日起90日内向人民法院提起诉讼。

（三）公司僵局诉讼

所谓的公司僵局，是指公司经营管理发生严重困难，继续存续会使股东利益受到重大损失，通过其他途径不能解决的情况。这时，为了保护股东利益，持有公司全部股东表决权10%以上的股东，可以请求人民法院解散公司。

（四）股东知情权诉讼

股东有权查阅、复制公司章程、股东会会议记录、董事会会议决议、监事会会议决议和财务会计报告。公司拒绝提供查阅的，股东可以请求人民法院要求公司提供查阅。

（五）公司决议的无效和撤销诉讼

公司股东会或者股东大会、董事会的决议内容违反法律、行政法规的无效。股东会或者股东大会、董事会的会议召集程序、表决方式违反法律、行政法规或者公司章程，或者决议内容违反公司章程的，股东可以自决议作出之日起60日内，请求人民法院撤销。股东依照前述规定提起诉讼的，人民法院可以应公司的请求，要求股东提供相应担保。公司根据股东会或者股东大会、董事会决议已办理变更登记的，人民法院宣告该决议无效或者撤销该决议后，公司应当向公司登记机关申请撤销变更登记。

【风险提示】

资本多数决是公司运作的重要原则，但多数股东行使表决权时，不得违反禁止权利滥用和诚实信用原则，形成侵害小股东利益的决议。滥用资本多数决原则作出的决议无效。

【相关案例】

案例1　科工公司与永汇公司优先购买权纠纷案

中冶公司由科工公司、永汇公司、大地公司投资设立。2007年12月7日，科工公司向永汇公司发出通知函载明，其拟对外转让40%的股权，询问永汇公司是否行使优先购买权，若自送达之日起30日内未回复，视为同意对外转让。2007年12月8日，该通知函送达至永汇公司住所，但是永汇公司未签收，且退信栏中载明：经电话联系，收件人要求退回。2008年4月1日，科工公司通知永汇公司：其持有的40%股权已在交易所挂牌出让，并产生一家意向受让方；如永汇公司行使优先购买权，请将1460万元股权转让款交付至产权交易所，并签订股权转让合同，如在送达之日起20日内未交付股权转让款，视为放弃优先购买权。2008年4月30日，科工公司与公司外第三人以1460万元价格签订股权转让合同；产权交易所也出具了产权交易凭证。此后，永汇公司诉至法院，要求确认科工公司对外转让股权无效，并要求行使优先购买权。

法院认为：首先，科工公司已向永汇公司的法定注册地址邮寄送达了通知函并经过了公证，即使永汇公司拒收也不能阻却该通知行为发生效力。因此，永汇公司在收到该通知后30日内，并未作出是否同意的意思表示，视为同意对外转让股权。其次，在科工公司将挂牌出让股权的同等条件告知永汇公司后，永汇公司并未在规定的期间内行使优先购买权，视为其放弃了优先购买权。有限责任公司的股东主张优先购买转让股权的，应当在收到通知后，在公司章程规定的行使期间内提出购买请求。公司章程没有规定行使期间或者规定不明确的，以通知确定的期间为准，通知确定的期间短于30日或者未明确行使期间的，行使期间为30日。据此，股东优先购买权也是有权利期限的，逾期未行使，视为放弃。综上所述，永汇公司完全可以在法定的期限内以同等条件行使其优先购买权，是其自身放弃该权利，故永汇公司再次要求行使优先购买权的诉讼请求不能得到支持。

案例2　上诉人湖南胜利湘钢钢管有限公司与被上诉人湖南盛宇高新材料有限公司决议纠纷案

湖南胜利湘钢钢管有限公司（以下简称湖南胜利公司）共有山东胜利钢管有限公司（以下简称山东胜利公司）、湘潭钢铁集团有限公司（以下简称湘潭钢铁集团）、湖南盛宇高新材料有限公司（以下简称盛宇公司）3名股东，其中盛宇公司为小股东。原章程规定盛宇公司有1名董事会成员的名额，以及1名副总经理的提名权。后山东胜利公司和湘潭钢铁集团在2013年6月25日的股东会上以98.06%的赞成票更改公司章程，取消了盛宇公司原本1名董事会成员的名额，以及1名副总经理的提名权，对此法院认为，“资本多数决是公司运作的重要原则，但多数股东行使表决权时，不得违反禁止权利滥用和诚实信用原则，形成侵害小股东利益的决议。滥用资本多数决原则作出的决议无效。公司法第22条第1款规定，公司股东会或者股东大会、董事会的决议内容违反法律、行政法规的无效。本案中，上诉人湖南胜利公司修改公司章程的决议，经出席会议的股东所持表决权的2/3以上通过，程序上符合法律规定。但公司决议是否有效，不仅要求程序合法，还要求内容合法。本案中，对于被上诉人而言，其通过安排的副总经理和董事各一名，对公司的经营状况进行了解并参加公司经营管理，行使股东权利。上诉人的2名大股东通过公司决议的方式随意剥夺被上诉人提名副总经理和董事各一名的权利，是一种滥用股东权利损害其他股东利益的行为。涉案公司决议系滥用资本多数决作出，因此，该决议内容因违反法律行政法规无效。原审法院并没有否认资本多数决原则，原审判决涉案公司决议无效正确”。

【法条指引】

中华人民共和国公司法（节录）

第二十条 公司股东应当遵守法律、行政法规和公司章程，依法行使股东权利，不得滥用股东权利损害公司或者其他股东的利益；不得滥用公司法人独立地位和股东有限责任损害公司债权人的利益。

公司股东滥用股东权利给公司或者其他股东造成损失的，应当依法承担赔偿责任。

公司股东滥用公司法人独立地位和股东有限责任，逃避债务，严重损害公司债权人利益的，应当对公司债务承担连带责任。

第二十二条 公司股东会或者股东大会、董事会的决议内容违反法律、行政法规的无效。

股东会或者股东大会、董事会的会议召集程序、表决方式违反法律、行政法规或者公司章程，或者决议内容违反公司章程的，股东可以自决议作出之日起六十日内，请求人民法院撤销。

股东依照前款规定提起诉讼的，人民法院可以应公司的请求，要求股东提供相应担保。

公司根据股东会或者股东大会、董事会决议已办理变更登记的，人民法院宣告该决议无效或者撤销该决议后，公司应当向公司登记机关申请撤销变更登记。

第七十一条 有限责任公司的股东之间可以相互转让其全部或者部分股权。

股东向股东以外的人转让股权，应当经其他股东过半数同意。股东应就其股权转让事项书面通知其他股东征求同意，其他股东自接到书面通知之日起满三十日未答复的，视为同意转让。其他股东半数以上不同意转让的，不同意的股东应当购买该转让的股权；不购买的，视为同意转让。

经股东同意转让的股权，在同等条件下，其他股东有优先购买权。两个以上股东主张行使优先购买权的，协商确定各自的购买比例；协商不成的，按照转让时各自的出资比例行使优先购买权。

公司章程对股权转让另有规定的，从其规定。

最高人民法院关于适用《中华人民共和国公司法》若干问题的规定（四）（节录）

第十九条　有限责任公司的股东主张优先购买转让股权的，应当在收到通知后，在公司章程规定的行使期间内提出购买请求。公司章程没有规定行使期间或者规定不明确的，以通知确定的期间为准，通知确定的期间短于三十日或者未明确行使期间的，行使期间为三十日。

第六节　公司财务、会计制度

【规则要点】

公司应依照法律、行政法规和国务院财政部门的规定建立本公司的财务、会计制度。公司分配当年税后利润时，应当提取利润的10%列入公司法定公积金。

【理解与适用】

一、财务会计报告

公司应当在每一会计年度终了时编制财务会计报告，并依法经会计师事务所审计。公司聘用、解聘承办公司审计业务的会计师事务所，依照公司章程的规定，由股东会、股东大会或者董事会决定。公司股东会、股东大会或者董事会就解聘会计师事务所进行表决时，应当允许会计师事务所陈述意见。公司应当向聘用的会计师事务所提供真实、完整的会计凭证、会计账簿、财务会计报告及其他会计资料，不得拒绝、隐匿、谎报。

公司应依法公开财务会计报告。有限责任公司应当依照公司章程规定的期限将财务会计报告送交各股东。股份有限公司的财务会计报告应当在召开股东大会年会的20日前置备于本公司，供股东查阅；公开发行股票的股份有限公司必须公告其财务会计报告。公司在依法向有关主管部门提供的财务会计报告等材料上作虚假记载或者隐瞒重要事实的，由有关主管部门对直接负责的主管人员和其他直接责任人员处以 3 万元以上 30 万元以下的罚款。公司除法定的会计账簿外，不得另立会计账簿。公司违反规定，在法定的会计账簿以外另立会计账簿的，由县级以上人民政府财政部门责令改正，处以 5 万元以上 50 万元以下的罚款。对公司资产，不得以任何个人名义开立账户存储。

二、公司公积金制度

公司分配当年税后利润时，应当提取利润的 10% 列入公司法定公积金。公司法定公积金累计额为公司注册资本的 50% 以上的，可以不再提取。公司的法定公积金不足以弥补以前年度亏损的，在依照规定提取法定公积金之前，应当先用当年利润弥补亏损。公司从税后利润中提取法定公积金后，经股东会或者股东大会决议，还可以从税后利润中提取任意公积金。公司弥补亏损和提取公积金后所余税后利润，有限责任公司依照规定分配；股份有限公司按照股东持有的股份比例分配，但股份有限公司章程规定不按持股比例分配的除外。股东会、股东大会或者董事会违反规定，在公司弥补亏损和提取法定公积金之前向股东分配利润的，股东必须将违反规定分配的利润退还至公司。公司持有的本公司股份不得分配利润。公司的公积金用于弥补公司的亏损、扩大公司生产经营或者转为增加公司资本。法定公积金转为资本时，所留存的该项公积金不得少于转增前公司注册资本的 25%。公司不依照规定提取法定公积金的，由县级以上人民政府财政部门责令如数补足应当提取的金额，可以对公司处以 20 万元以下的罚款。

【法条指引】

中华人民共和国公司法（节录）

第一百六十三条　公司应当依照法律、行政法规和国务院财政部门的规定建立本公司的财务、会计制度。

第一百六十四条　公司应当在每一会计年度终了时编制财务会计报告，并依法经会计师事务所审计。

财务会计报告应当依照法律、行政法规和国务院财政部门的规定制作。

第一百六十六条第一款 公司分配当年税后利润时，应当提取利润的百分之十列入公司法定公积金。公司法定公积金累计额为公司注册资本的百分之五十以上的，可以不再提取。

第一百六十七条 股份有限公司以超过股票票面金额的发行价格发行股份所得的溢价款以及国务院财政部门规定列入资本公积金的其他收入，应当列为公司资本公积金。

第七节 公司的社会责任和职工利益保护

【规则要点】

公司设立的目的是股东利益，但其也应当承担相应的社会责任，同时遵守有关劳动者权益保护的法律法规，依法保护职工的合法权益。

【理解与适用】

公司法明确规定公司从事经营活动，必须遵守法律、行政法规，遵守社会公德、商业道德，诚实守信，接受政府和社会公众的监督，承担社会责任。

公司必须保护职工的合法权益，依法与职工签订劳动合同，参加社会保险，加强劳动保护，实现安全生产。公司应当采用多种形式，加强公司职工的职业教育和岗位培训，提高职工素质。

公司职工依照《中华人民共和国工会法》组织工会，开展工会活动，维护职工合法权益。公司应当为本公司工会提供必要的活动条件。公司工会代表职工就职工的劳动报酬、工作时间、福利、保险和劳动安全卫生等事项依法与公司签订集体合同。公司依照宪法和有关法律的规定，通过职工代表大会或者其他形式，实行民主管理。公司研究决定改制以及经营方面的重大问题、制定重要的规章制度时，应当听取公司工会的意见，并通过职工代表大会或者其他形式听取职工的意见和建议。

【法条指引】

中华人民共和国公司法（节录）

第五条第一款 公司从事经营活动，必须遵守法律、行政法规，遵守社会公德、商业道德，诚实守信，接受政府和社会公众的监督，承担社会责任。

第十七条 公司必须保护职工的合法权益，依法与职工签订劳动合同，参加社会保险，加强劳动保护，实现安全生产。

公司应当采用多种形式，加强公司职工的职业教育和岗位培训，提高职工素质。

第四十四条第二款 两个以上的国有企业或者两个以上的其他国有投资主体投资设立的有限责任公司，其董事会成员中应当有公司职工代表；其他有限责任公司董事会成员中可以有公司职工代表。董事会中的职工代表由公司职工通过职工代表大会、职工大会或者其他形式民主选举产生。

第五十一条第二款 监事会应当包括股东代表和适当比例的公司职工代表，其中职工代表的比例不得低于三分之一，具体比例由公司章程规定。监事会中的职工代表由公司职工通过职工代表大会、职工大会或者其他形式民主选举产生。

第八节　公司变更及清算制度

【规则要点】

公司变更包括公司资本的增减和组织上的分立与合并。公司变更必须按国家制定的法定程序进行。公司解散，是指公司因发生法律或公司章程规定的解散事由而停止经营活动，处理未了事务的情形。公司解散后，必须依法对其财产进行清算。

【理解与适用】

一、公司的合并与分立

公司合并，是指两个以上的公司合并为一个公司的情形。公司合并分为吸收合并和新设合并。吸收合并，是指两个以上的公司合并后，一个公司吸收其他公司而继续存在，被吸收的公司解散的形式；新设合并，是指两个以上的公司合并为一个新的公司，合并各方均解散的形式。

公司合并，应当由合并各方签订合并协议，并编制资产负债表及财产清单。公司应当自作出合并决议之日起 10 日内通知债权人，并于 30 日内在报纸上公告。债权人自接到通知书之日起 30 日内，未接到通知书的自公告之日起 45 日内，可以要求公司清偿债务或者提供相应的担保。公司合并时，合并各方的债权、债务，应当由合并后存续的公司或者新设的公司承继。

公司分立，是指一个公司分立为两个或两个以上公司的情形。公司分立有两种方式：新设分立和派生分立。新设分立是原公司解散并分立为两个或两个以上新公司的情形；派生分立是指原公司继续存在，另设一个或一个以上的新公司的情形。公司分立，其财产作相应的分割，并编制资产负债表及财产清单。公司应当自作出分立决议之日起 10 日内通知债权人，并于 30 日内在报纸上公告。公司分立前的债务由分立后的公司承担连带责任。但是，公司在分立前与债权人就债务清偿达成的书面协议另有约定的除外。

公司合并或者分立，登记事项发生变更的，应当依法向公司登记机关办理变更登记；公司解散的，应当依法办理公司注销登记；设立新公司的，应当依法办理公司设立登记。

二、公司形式的变更

公司法规定，有限责任公司和股份有限公司可以相互变更公司形式。有限责任公司变更为股份有限公司，应当符合法律规定的股份有限公司的条件。股份有限公司变更为有限责任公司，应当符合法律规定的有限责任公司的条件。有限责任公司变更为股份有限公司的，或者股份有限公司变更为有限责任公司的，公司变更前的债权、债务由变更后的公司承继。

有限责任公司变更为股份有限公司时，折合的实收股本总额不得高于公司净资产额。有限责任公司变更为股份有限公司，为增加资本公开发行股份的，应当依法办理。

三、公司减资、增资

公司需要减少注册资本时，必须编制资产负债表及财产清单。公司应当自作出减少注册资本决议之日起 10 日内通知债权人，并于 30 日内在报纸上公告。债权人自接到通知书之日起 30 日内，未接到通知书的自公告之日起 45 日内，有权要求公司清偿债务或者提供相应的担保。

有限责任公司增加注册资本时，股东认缴新增资本的出资，依照设立有限责任公司缴纳出资的有关规定执行。股份有限公司为增加注册资本发行新股时，股东认购新股，依照设立股份有限公司缴纳股款的有关规定执行。

公司增加或者减少注册资本，应当依法向公司登记机关办理变更登记。

四、公司的解散

公司解散，是指公司因发生法律或公司章程规定的解散事由而停止经营活动，处理未了事务的情形。

公司解散的原因包括：

（1）公司章程规定的营业期限届满或者公司章程规定的其他解散事由出现；

（2）股东会或者股东大会决议解散；

（3）因公司合并或者分立需要解散；

（4）依法被吊销营业执照、责令关闭或者被撤销；

（5）公司经营管理发生严重困难，继续存续会使股东利益受到重大损失，通过其他途径不能解决的，持有公司全部股东表决权 10% 以上的股东请求人民法院解散公司的，人民法院依法予以解散。

公司章程规定的营业期限届满或者公司章程规定的其他解散事由出现时，并不当然发生公司解散的结果。公司还可以通过修改公司章程而存续。在这种情况下修改公司章程，有限责任公司须经持有2/3以上表决权的股东通过，股份有限公司须经出席股东大会会议的股东所持表决权的2/3以上通过。

五、清算

清算，是指在公司解散后，依法对其财产和未完成的事务进行处理的过程。除因股东大会决议解散的以外，其他情况应当在解散事由出现之日起15日内成立清算组，开始清算。有限责任公司的清算组由股东组成，股份有限公司的清算组由董事或者股东大会确定的人员组成。逾期不成立清算组进行清算的，债权人可以申请人民法院指定有关人员组成清算组进行清算。人民法院此时应当受理该申请，并及时组织清算组进行清算。

清算组在清算期间行使下列职权：（1）清理公司财产，分别编制资产负债表和财产清单；（2）通知、公告债权人；清算组应当自成立之日起10日内通知债权人，并于60日内在报纸上公告。债权人应当自接到通知书之日起30日内，未接到通知书的自公告之日起45日内，向清算组申报其债权。债权人申报债权，应当说明债权的有关事项，并提供证明材料。清算组应当对债权进行登记。在申报债权期间，清算组不得对债权人进行清偿；（3）处理与清算有关的公司未了结的业务；（4）清缴所欠税款以及清算过程中产生的税款；（5）清理债权、债务；（6）处理公司清偿债务后的剩余财产；（7）代表公司参与民事诉讼活动。

清算组在清理公司财产、编制资产负债表和财产清单后，应当制定清算方案，并报股东会、股东大会或者人民法院确认。公司财产在分别支付清算费用、职工的工资、社会保险费用和法定补偿金，缴纳所欠税款，清偿公司债务后的剩余财产，有限责任公司按照股东的出资比例分配，股份有限公司按照股东持有的股份比例分配。清算期间，公司存续，但不得开展与清算无关的经营活动。公司财产在未依照上述规定清偿前，不得分配给股东。

清算组在清理公司财产、编制资产负债表和财产清单后，发现公司财产不足清偿债务的，应当依法向人民法院申请宣告破产。公司经人民法院裁定宣告破产后，清算组应当将清算事务移交人民法院。清算组成员应当忠于职守，依法履行清算义务，不得利用职权收受贿赂或者其他非法收入，不得侵占公司财产。清算组成员因故意或者重大过失给公司或者债权人造成损失的，应当承担赔偿责任。

公司清算结束后，清算组应当制作清算报告，报股东会、股东大会或者人民法院确认，并报送公司登记机关，申请注销公司登记，公告公司终止。公司被依法宣告破产的，依照有关企业破产的法律实施破产清算。

六、相关法律责任

公司在合并、分立、减少注册资本或者进行清算时，不依照规定通知或者公告债权人的，由公司登记机关责令改正，对公司处以 1 万元以上 10 万元以下的罚款。公司在进行清算时，隐匿财产，对资产负债表或者财产清单作虚假记载或者在未清偿债务前分配公司财产的，由公司登记机关责令改正，对公司处以隐匿财产或者未清偿债务前分配公司财产金额 5% 以上 10% 以下的罚款；对直接负责的主管人员和其他直接责任人员处以 1 万元以上 10 万元以下的罚款。公司在清算期间开展与清算无关的经营活动的，由公司登记机关予以警告，没收违法所得。

清算组不依照规定向公司登记机关报送清算报告，或者报送清算报告隐瞒重要事实或者有重大遗漏的，由公司登记机关责令改正。清算组成员利用职权徇私舞弊、谋取非法收入或者侵占公司财产的，由公司登记机关责令退还公司财产，没收违法所得，并可以处以违法所得 1 倍以上 5 倍以下的罚款。

承担资产评估、验资或者验证的机构提供虚假材料的，由公司登记机关没收违法所得，处以违法所得 1 倍以上 5 倍以下的罚款，并可以由有关主管部门依法责令该机构停业、吊销直接责任人员的资格证书，吊销营业执照。承担资产评估、验资或者验证的机构因过失提供有重大遗漏的报告的，由公司登记机关责令改正，情节较重的，处以所得收入 1 倍以上 5 倍以下的罚款，并可以由有关主管部门依法责令该机构停业、吊销直接责任人员的资格证书，吊销营业执照。承担资产评估、验资或者验证的机构因其出具的评估结果、验资或者验证证明不实，给公司债权人造成损失的，除能够证明自己没有过错的外，在其评估或者证明不实的金额范围内承担赔偿责任。

公司违反规定，应当承担民事赔偿责任和缴纳罚款、罚金的，其财产不足以支付时，先承担民事赔偿责任。

【法条指引】

中华人民共和国公司法（节录）

第九十五条 有限责任公司变更为股份有限公司时，折合的实收股本总额不得高于公司净资产额。有限责任公司变更为股份有限公司，为增加资本公开发行股份时，应当依法办理。

第一百零三条第二款 股东大会作出决议，必须经出席会议的股东所持表决权过半数通过。但是，股东大会作出修改公司章程、增加或者减少注册资本的决议，以及公司合并、分立、解散或者变更公司形式的决议，必须经出席会议的股东所持表决权的三分之二以上通过。

第一百三十六条 公司发行新股募足股款后，必须向公司登记机关办理变更登记，并公告。

第一百七十九条 公司合并或者分立，登记事项发生变更的，应当依法向公司登记机关办理变更登记；公司解散的，应当依法办理公司注销登记；设立新公司的，应当依法办理公司设立登记。

公司增加或者减少注册资本，应当依法向公司登记机关办理变更登记。

第一百八十条 公司因下列原因解散：

（一）公司章程规定的营业期限届满或者公司章程规定的其他解散事由出现；

（二）股东会或者股东大会决议解散；

（三）因公司合并或者分立需要解散；

（四）依法被吊销营业执照、责令关闭或者被撤销；

（五）人民法院依照本法第一百八十二条的规定予以解散。

第一百八十三条 公司因本法第一百八十条第（一）项、第（二）项、第（四）项、第（五）项规定而解散的，应当在解散事由出现之日起十五日内成立清算组，开始清算。有限责任公司的清算组由股东组成，股份有限公司的清算组由董事或者股东大会确定的人员组成。逾期不成立清算组进行清算的，债权人可以申请人民法院指定有关人员组成清算组进行清算。人民法院应当受理该申请，并及时组织清算组进行清算。

第一百九十条 公司被依法宣告破产的，依照有关企业破产的法律实施破产清算。

第九节 有限责任公司的特殊制度

【规则要点】

根据公司法规定，有两种特殊形式的有限责任公司，即一人有限责任公司和国有独资公司。这两种公司，法律对其作了相应的特殊规定。

【理解与适用】

有限责任公司，也称有限公司，是指由法定的股东人数组成的，股东以其出资额为限对公司承担责任，公司以其全部财产为限对公司债务承担责任的法人组织。在中国，有两种特殊形式的有限责任公司，即一人有限责任公司和国有独资公司。

一、一人有限责任公司制度

一人有限责任公司，是指只有一个自然人股东或者一个法人股东的有限责任公司。一个自然人只能投资设立一个一人有限责任公司。该一人有限责任公司不能投资设立新的一人有限责任公司。

一人有限责任公司应当在公司登记中注明自然人独资或者法人独资，并在公司营业执照中载明。一人有限责任公司不设股东会，公司章程由股东制定。股东作出决定，应当采用书面形式，并于签名后置备于公司。

一人有限责任公司应当在每一会计年度终了时编制财务会计报告，并经会计师事务所审计。一人有限责任公司的股东不能证明公司财产独立于股东自己的财产的，即发生公司法人人格否定情形时，股东应当对公司债务承担连带责任。

二、国有独资公司

国有独资公司，是指国家单独出资、由国务院或者地方人民政府授权本级人民政府国有资产监督管理机构履行出资人职责的有限责任公司。

国有独资公司章程由国有资产监督管理机构制定，或者由董事会制订报国有资产监督管理机构批准。国有独资公司不设股东会，由国有资产监督管理机构行使股东会职权。国有资产监督管理机构可以授权公司董事会行使股东会的部分职权，决定公司的重大事项，但公司的合并、分立、解散、增加或者减少注册资本和发行公司债券，必须由国有资产监督管理机构决定；其中，重要的国有独资公司合并、分立、解散、申请破产的，应当由国有资产监督管理机构审核后，报本级人民政府批准。其中重要的国有独资公司，按照国务院的规定确定。

国有独资公司设董事会，依法行使职权。董事每届任期不得超过 3 年，董事会成员中应当有公司职工代表。董事会成员由国有资产监督管理机构委派；但是，董事会成员中的职工代表由公司职工代表大会选举产生。董事会设董事长 1 人，可以设副董事长。董事长、副董事长由国有资产监督管理机构从董事会成员中指定。国有独资公司设经理，由董事会聘任或者解聘。经国有资产监督管理机构同意，董事会成员可以兼任经理。但是，国有独资公司的董事长、副董事长、董事、高级管理人员，未经国有资产监督管理机构同意，不得在其他有限责任公司、股份有限公司或者其他经济组织兼职。

国有独资公司监事会成员不得少于 5 人，其中职工代表的比例不得低于 1/3，具体比例由公司章程规定。监事会成员由国有资产监督管理机构委派；但是，监事会成员中的职工代表由公司职工代表大会选举产生。监事会主席由国有资产监督管理机构从监事会成员中指定。除了行使（1）检查公司财务；（2）对董事、高级管理人员执行公司职务的行为进行监督，对违反法律、行政法规、公司章程或者股东会决议的董事、高级管理人员提出罢免的建议；（3）当董事、高级管理人员的行为损害公司的利益时，要求董事、高级管理人员予以纠正这三项法定职权外，国有独资公司的监事会还要行使国务院规定的其他职权。

【法条指引】

中华人民共和国公司法（节录）

第五十七条第二款 本法所称一人有限责任公司，是指只有一个自然人股东或者一个法人股东的有限责任公司。

第五十八条 一个自然人只能投资设立一个一人有限责任公司。该一人有限责任公司不能投资设立新的一人有限责任公司。

第五十九条 一人有限责任公司应当在公司登记中注明自然人独资或者法人独资，并在公司营业执照中载明。

第六十三条 一人有限责任公司的股东不能证明公司财产独立于股东自己的财产的，应当对公司债务承担连带责任。

第六十四条第二款 本法所称国有独资公司，是指国家单独出资、由国务院或者地方人民政府授权本级人民政府国有资产监督管理机构履行出资人职责的有限责任公司。

第六十五条 国有独资公司章程由国有资产监督管理机构制定，或者由董事会制订报国有资产监督管理机构批准。

第六十六条 国有独资公司不设股东会，由国有资产监督管理机构行使股东会职权。国有资产监督管理机构可以授权公司董事会行使股东会的部分职权，决定公司的重大事项，但公司的合并、分立、解散、增加或者减少注册资本和发行公司债券，必须由国有资产监督管理机构决定；其中，重要的国有独资公司合并、分立、解散、申请破产的，应当由国有资产监督管理机构审核后，报本级人民政府批准。

前款所称重要的国有独资公司，按照国务院的规定确定。

第六十九条 国有独资公司的董事长、副董事长、董事、高级管理人员，未经国有资产监督管理机构同意，不得在其他有限责任公司、股份有限公司或者其他经济组织兼职。

第七十条 国有独资公司监事会成员不得少于五人，其中职工代表的比例不得低于三分之一，具体比例由公司章程规定。

监事会成员由国有资产监督管理机构委派；但是，监事会成员中的职工代表由公司职工代表大会选举产生。监事会主席由国有资产监督管理机构从监事会成员中指定。

监事会行使本法第五十三条第（一）项至第（三）项规定的职权和国务院规定的其他职权。

第十节 股份有限公司的特别规定

【规则要点】

股份有限公司，简称股份公司，是指由符合法定人数的股东组成的、全部资本分为均等的股份、股东以其拥有的股份为限对公司承担责任，公司以其全部资产对公司债务承担责任的企业法人。股份有限公司在设立、发行股份、股权转让等方面都有一些特别规定。

【理解与适用】

一、股份有限公司的设立

（一）设立条件

设立股份有限公司，应当具备下列条件：（1）发起人符合法定人数；（2）有符合公司章程规定的全体发起人认购的股本总额或者募集的实收股本总额；（3）股份发行、筹办事项符合法律规定；（4）发起人制订公司章程，采用募集方式设立的经创立大会通过；（5）有公司名称，建立符合股份有限公司要求的组织机构；（6）有公司住所。

（二）募集设立的程序

公司法关于股份有限公司采取募集方式设立有如下规定：

1. 发起人向社会公开募集股份，必须公告招股说明书，并制作认股书

招股说明书应当附有发起人制订的公司章程，并载明下列事项：发起人认购的股份数；每股的票面金额和发行价格；无记名股票的发行总数；募集资金的用途；认股人的权利、义务；本次募股的起止期限及逾期未募足时认股人可以撤回所认股份的说明。

认股书由认股人填写认购股数、金额、住所，并签名、盖章，认股人按照所认购股数缴纳股款。

2. 由证券公司承销股份

发起人应当与依法设立的证券公司签订承销协议，由证券公司承销

股份。

3. 发起人同银行签订代收股款协议

代收股款的银行应当按照协议代收和保存股款，向缴纳股款的认股人出具收款单据，并负有向有关部门出具收款证明的义务。

4. 发行股份的股款缴足后，必须经依法设立的验资机构验资并出具证明。

5. 召开公司创立大会或者退还股款及利息

发起人应当自股款缴足之日起30日内主持召开公司创立大会。创立大会由发起人、认股人组成。发起人应当在创立大会召开15日前将会议日期通知各认股人或者予以公告。创立大会应有代表股份总数过半数的发起人、认股人出席，方可举行。创立大会行使下列职权：审议发起人关于公司筹办情况的报告；通过公司章程；选举董事会成员；选举监事会成员；对公司的设立费用进行审核；对发起人用于抵作股款的财产的作价进行审核；发生不可抗力或者经营条件发生重大变化直接影响公司设立的，可以作出不设立公司的决议。创立大会对上述事项作出决议，必须经出席会议的认股人所持表决权过半数通过。

发行的股份超过招股说明书规定的截止期限尚未募足的，或者发行股份的股款缴足后，发起人在30日内未召开创立大会的，认股人可以按照所缴股款并加算银行同期存款利息，要求发起人返还。

6. 申请设立登记

董事会应于创立大会结束后30日内，申请设立登记，向公司登记机关报送下列文件：公司登记申请书；创立大会的会议记录；公司章程；验资证明；法定代表人、董事、监事的任职文件及其身份证明；发起人的法人资格证明或者自然人身份证明；公司住所证明。以募集方式设立股份有限公司公开发行股票的，还应当向公司登记机关报送国务院证券监督管理机构的核准文件。

股份有限公司成立后，应当将公司章程、股东名册、公司债券存根、股东大会会议记录、董事会会议记录、监事会会议记录、财务会计报告置备于本公司。

（三）发起人的法律地位与责任

股份有限公司的发起人承担公司筹办事务。发起人应当签订发起人协议，明确各自在公司设立过程中的权利和义务。股份有限公司的发起人人数为 2 人以上 200 人以下，其中须有半数以上的发起人在中国境内有住所。以募集设立方式设立股份有限公司的，发起人认购的股份不得少于公司股份总数的 35%；但是，法律、行政法规另有规定的，从其规定。

如果公司设立失败，公司没有成立，则发起人应当对设立行为承担责任。公司法规定，股份有限公司的发起人应当承担下列责任：

（1）公司不能成立时，对设立行为所产生的债务和费用负连带责任；

（2）公司不能成立时，对认股人已缴纳的股款，负返还股款并加算银行同期存款利息的连带责任；

（3）在公司设立过程中，由于发起人的过失致使公司利益受到损害的，应当对公司承担赔偿责任。

股份有限公司成立后，发起人未按照公司章程的规定缴足出资的，应当补缴；其他发起人承担连带责任。股份有限公司成立后，发现作为设立公司出资的非货币财产的实际价额显著低于公司章程所定价额的，应当由交付该出资的发起人补足其差额；其他发起人承担连带责任。

以发起设立方式设立股份有限公司的，发起人应当书面认足公司章程规定其认购的股份，并按照公司章程规定缴纳出资。以非货币财产出资的，应当依法办理其财产权的转移手续。发起人不依照规定缴纳出资的，应当按照发起人协议承担违约责任。以募集设立方式设立有限责任公司的，发起人、认股人缴纳股款或者交付抵作股款的出资后，除未按期募足股份、发起人未按期召开创立大会或者创立大会决议不设立公司的情形外，不得抽回其股本。

二、股份的发行与转让

股份是有限责任公司资本的构成成分，代表股份有限公司股东的权利与义务。股票是股份的表现形式，是股份有限公司所签发的、证明股东所持股份的凭证。

（一）股份发行

股份发行，是指股份有限公司依照法律规定向社会募集资本的行为。股份的发行，实行公平、公正的原则，同种类的每一股份应当具有同等权利。股份有限公司的资本划分为股份，同次发行的同种类股票，每股的发行条件和价格应当相同；任何单位或者个人所认购的股份，每股应当支付相同价额。股票发行价格可以按票面金额，也可以超过票面金额，但不得低于票面金额。股份有限公司以超过股票票面金额的发行价格发行股份所得的溢价款以及国务院财政部门规定列入资本公积金的其他收入，应当列为公司资本公积金。

股票采用纸面形式或者国务院证券监督管理机构规定的其他形式。股票应当载明下列主要事项：(1) 公司名称；(2) 公司成立日期；(3) 股票种类、票面金额及代表的股份数；(4) 股票的编号。股票由法定代表人签名，公司盖章。发起人的股票，应当标明“发起人股票”字样。

公司发行的股票，可以为记名股票，也可以为无记名股票。其中由公司向发起人、法人发行的股票，应当为记名股票，并应当记载该发起人、法人的名称或者姓名，不得另立户名或者以代表人姓名记名。公司发行记名股票的，应当置备股东名册，记载下列事项：(1) 股东的姓名或者名称及住所；(2) 各股东所持股份数；(3) 各股东所持股票的编号；(4) 各股东取得股份的日期。发行无记名股票的，公司应当记载其股票数量、编号及发行日期。国务院可以对公司发行公司法规定以外的其他种类的股份，另行作出规定。股份有限公司成立后，即向股东正式交付股票。公司成立前不得向股东交付股票。

公司成立以后，可以为了获得更多资本而发行新股，以增加公司资本、改变股份结构。公司经国务院证券监督管理机构核准公开发行新股时，必须公告新股招股说明书和财务会计报告，并制作认股书。股东大会应当对下列事项作出决议：(1) 新股种类及数额；(2) 新股发行价格；(3) 新股发行的起止日期；(4) 向原有股东发行新股的种类及数额。公司发行新股，可以根据公司经营情况和财务状况，确定其作价方案。公司发行新股，应当由依法设立的证券公司承销，签订承销协议。此外，还应当同银行签订代收股款协议。代收股款的银行应当按照协议代收和保存股款，向缴纳股款的认股人出具收款单据，并负有向有关部门出具收款证明的义务。公司发行新股募足股款后，必须向公司登记机关办理变更登记，并公告。

（二）股份转让

股东持有的股份可以依法转让。股东转让其股份，应当在依法设立的证券交易场所进行或者按照国务院规定的其他方式进行。

记名股票，由股东以背书方式或者法律、行政法规规定的其他方式转让；转让后由公司将受让人的姓名或者名称及住所记载于股东名册。股东大会召开前20日内或者公司决定分配股利的基准日前5日内，不得进行前述规定的股东名册的变更登记。但是，法律对上市公司股东名册变更登记另有规定的，从其规定。无记名股票的转让，由股东将该股票交付给受让人后即发生转让的效力。

公司法对股份有限公司的股票转让作了某些限制。发起人持有的本公司股份，自公司成立之日起1年内不得转让。公司公开发行股份前已发行的股份，自公司股票在证券交易所上市交易之日起1年内不得转让。公司董事、监事、高级管理人员应当向公司申报所持有的本公司的股份及其变动情况，在任职期间每年转让的股份不得超过其所持有本公司股份总数的25%；所持本公司股份自公司股票上市交易之日起1年内不得转让。上述人员离职后半年内，不得转让其所持有的本公司股份。公司章程可以对公司董事、监事、高级管理人员转让其所持有的本公司股份作出其他限制性规定。

一般情况下，公司不得收购本公司股份。但是，有下列情形之一的除外：（1）减少公司注册资本；（2）与持有本公司股份的其他公司合并；（3）将股份奖励给本公司职工；（4）股东因对股东大会作出的公司合并、分立决议持异议，要求公司收购其股份。公司因前述第（1）项至第（3）项的原因收购本公司股份的，应当经股东大会决议。公司依照前述规定收购本公司股份后，属于第（1）项情形的，应当自收购之日起10日内注销；属于第（2）项、第（4）项情形的，应当在6个月内转让或者注销。公司依照前述第（3）项规定收购的本公司股份，不得超过本公司已发行股份总额的5%；用于收购的资金应当从公司的税后利润中支出；所收购的股份应当在1年内转让给职工。此外，公司不得接受本公司的股票作为质押权的标的。

记名股票被盗、遗失或者灭失，股东可以依照《中华人民共和国民事诉讼法》规定的公示催告程序，请求人民法院宣告该股票失效。人民法院宣告该股票失效后，股东可以向公司申请补发股票。上市公司的股票，依照有关法律、行政法规及证券交易所交易规则上市交易。

【法条指引】

中华人民共和国公司法（节录）

第七十七条　股份有限公司的设立，可以采取发起设立或者募集设立的方式。

发起设立，是指由发起人认购公司应发行的全部股份而设立公司。

募集设立，是指由发起人认购公司应发行股份的一部分，其余股份向社会公开募集或者向特定对象募集而设立公司。

第七十八条　设立股份有限公司，应当有二人以上二百人以下为发起人，其中须有半数以上的发起人在中国境内有住所。

第一百二十六条　股份的发行，实行公平、公正的原则，同种类的每一股份应当具有同等权利。

同次发行的同种类股票，每股的发行条件和价格应当相同；任何单位或者个人所认购的股份，每股应当支付相同价额。

第一百二十七条　股票发行价格可以按票面金额，也可以超过票面金额，但不得低于票面金额。

第十一节　公司债券

【规则要点】

公司债券，是指公司依照法定程序发行、约定在一定期限还本付息的有价证券。公司发行债券，必须遵守公司法第七章及《中华人民共和国证券法》的有关规定。

【理解与适用】

公司法规定，公司发行公司债券应当符合证券法规定的发行条件。发行公司债券的申请经国务院授权的部门核准后，应当公告公司债券募集办法。

公司债券募集办法中应当载明下列主要事项：公司名称；债券募集资金的用途；债券总额和债券的票面金额；债券利率的确定方式；还本付息的期限和方式；债券担保情况；债券的发行价格、发行的起止日期；公司净资产额；已发行的尚未到期的公司债券总额；公司债券的承销机构。

公司以实物券方式发行公司债券的，必须在债券上载明公司名称、债券票面金额、利率、偿还期限等事项，并由法定代表人签名，公司盖章。

公司债券，可以为记名债券，也可以为无记名债券。公司发行公司债券应当置备公司债券存根簿。发行记名公司债券的，应当在公司债券存根簿上载明下列事项：（1）债券持有人的姓名或者名称及住所；（2）债券持有人取得债券的日期及债券的编号；（3）债券总额，债券的票面金额、利率、还本付息的期限和方式；（4）债券的发行日期。发行无记名公司债券的，应当在公司债券存根簿上载明债券总额、利率、偿还期限和方式、发行日期及债券的编号。记名公司债券的登记结算机构应当建立债券登记、存管、付息、兑付等相关制度。

公司债券可以转让，转让价格由转让人与受让人约定。公司债券在证券交易所上市交易的，按照证券交易所的交易规则转让。记名公司债券，由债券持有人以背书方式或者法律、行政法规规定的其他方式转让；转让后由公司将受让人的姓名或者名称及住所记载于公司债券存根簿。无记名公司债券的转让，由债券持有人将该债券交付给受让人后即发生转让的效力。

上市公司经股东大会决议可以发行可转换为股票的公司债券，并在公司债券募集办法中规定具体的转换办法。上市公司发行可转换为股票的公司债券，应当报国务院证券监督管理机构核准。发行可转换为股票的公司债券，应当在债券上标明可转换公司债券字样，并在公司债券存根簿上载明可转换公司债券的数额。发行可转换为股票的公司债券的，公司应当按照其转换办法向债券持有人换发股票，但债券持有人对转换股票或者不转换股票有选择权。

【法条指引】

中华人民共和国公司法（节录）

第一百五十三条 本法所称公司债券，是指公司依照法定程序发行、约定在一定期限还本付息的有价证券。

公司发行公司债券应当符合《中华人民共和国证券法》规定的发行条件。

第一百五十六条 公司债券，可以为记名债券，也可以为无记名债券。

第一百五十九条 公司债券可以转让，转让价格由转让人与受让人约定。

公司债券在证券交易所上市交易的，按照证券交易所的交易规则转让。

第一百六十条 记名公司债券，由债券持有人以背书方式或者法律、行政法规规定的其他方式转让；转让后由公司将受让人的姓名或者名称及住所记载于公司债券存根簿。

无记名公司债券的转让，由债券持有人将该债券交付给受让人后即发生转让的效力。

第十二节　上市公司组织机构的特别制度

【规则要点】

上市公司是股份有限公司的特殊类型，与一般的股份有限责任公司相比，公司法对上市公司规定了一些特别的制度。

【理解与适用】

上市公司，是指已经向社会发行股票、其股票在证券交易所上市交易的股份有限公司。

上市公司应设独立董事。独立董事，又称兼职董事、外部董事，是指独立于公司股东且不在公司内部任职，与公司或公司经营管理者没有重要的业务联系或专业联系，并对公司事务作出独立判断的董事。

上市公司设董事会秘书，负责公司股东大会和董事会会议的筹备、文件保管以及公司股东资料的管理，办理信息披露事务等事宜。

上市公司的董事表决权受到一定限制，具体而言，上市公司董事与董事会会议决议事项所涉及的企业有关联关系的，不得对该项决议行使表决权，也不得代理其他董事行使表决权。该董事会会议由过半数的无关联关系董事出席即可举行，董事会会议所作决议须经无关联关系董事过半数通过。出席董事会的无关联关系董事人数不足 3 人的，应将该事项提交上市公司股东大会审议。上市公司在 1 年内购买、出售重大资产或者担保金额超过公司资产总额 30% 的，应当由股东大会作出决议，并经出席会议的股东所持表决权的 2/3 以上通过。

【法条指引】

中华人民共和国公司法（节录）

第一百二十一条 上市公司在一年内购买、出售重大资产或者担保金额超过公司资产总额百分之三十的，应当由股东大会作出决议，并经出席会议的股东所持表决权的三分之二以上通过。

第一百二十二条 上市公司设独立董事，具体办法由国务院规定。

第一百二十三条 上市公司设董事会秘书，负责公司股东大会和董事会会议的筹备、文件保管以及公司股东资料的管理，办理信息披露事务等事宜。

第一百二十四条 上市公司董事与董事会会议决议事项所涉及的企业有关联关系的，不得对该项决议行使表决权，也不得代理其他董事行使表决权。该董事会会议由过半数的无关联关系董事出席即可举行，董事会会议所作决议须经无关联关系董事过半数通过。出席董事会的无关联关系董事人数不足三人的，应将该事项提交上市公司股东大会审议。

第十三节 外国公司的分支机构

【规则要点】

外国公司，是指依照外国法律在中国境外设立的公司。外国公司可在中国境内设立分支机构，但须依法得到批准。

【理解与适用】

公司法所称外国公司，是指依照外国法律在中国境外设立的公司。

外国公司在中国境内设立分支机构，必须向中国主管机关提出申请，并提交其公司章程、所属国的公司登记证书等有关文件，经批准后，向公司登记机关依法办理登记，领取营业执照。中国对设立外国公司的分支机构一律采用核准主义原则，外国公司分支机构的审批办法由国务院另行规定。外国公司在中国境内设立分支机构，必须在中国境内指定负责该分支机构的代表人或者代理人，并向该分支机构拨付与其所从事的经营活动相适应的资金。对外国公司分支机构的经营资金需要规定最低限额的，由国务院另行规定。外国公司的分支机构应当在其名称中标明该外国公司的国籍及责任形式，并应当在本机构中置备该外国公司章程。

外国公司在中国境内设立的分支机构不具有中国法人资格。外国公司对其分支机构在中国境内进行的经营活动承担民事责任。经批准设立的外国公司分支机构，在中国境内从事业务活动，必须遵守中国的法律，不得损害中国的社会公共利益，其合法权益受中国法律保护。外国公司撤销其在中国境内的分支机构时，必须依法清偿债务，依照有关公司清算程序的规定进行清算。未清偿债务之前，不得将其分支机构的财产移至中国境外。外国公司违反规定，擅自在中国境内设立分支机构的，由公司登记机关责令改正或者关闭，可以并处5万元以上20万元以下的罚款。

【法条指引】

中华人民共和国公司法（节录）

第一百九十二条 外国公司在中国境内设立分支机构，必须向中国主管机关提出申请，并提交其公司章程、所属国的公司登记证书等有关文件，经批准后，向公司登记机关依法办理登记，领取营业执照。

外国公司分支机构的审批办法由国务院另行规定。

第一百九十三条 外国公司在中国境内设立分支机构，必须在中国境内指定负责该分支机构的代表人或者代理人，并向该分支机构拨付与其所从事的经营活动相适应的资金。

对外国公司分支机构的经营资金需要规定最低限额的，由国务院另行规定。

第一百九十六条 经批准设立的外国公司分支机构，在中国境内从事业务活动，必须遵守中国的法律，不得损害中国的社会公共利益，其合法权益受中国法律保护。

第五章

破产法

市场经济是优胜劣汰的竞争经济，商事组织作为市场经济的主体，在参与竞争时面临着被淘汰的风险。现代破产法将破产视为企业无力清偿债务时的救济手段，破产法也被视为商法的一个重要分支。

第一节　破产法的基本制度

【规则要点】

2006 年 8 月 27 日第十届全国人民代表大会常务委员会审议通过破产法。破产法明确规定，企业法人不能清偿到期债务，并且资产不足以清偿全部债务或者明显缺乏清偿能力的，依照企业破产法规定清理债务，因此能够适用破产的仅限于企业法人，自然人和非法人组织不适用破产法。

【理解与适用】

一、破产资格

破产资格又称破产能力，是指具有破产原因的债务人能够适用破产法进入破产程序的法律资格，即破产法的适用范围。破产法规定：企业法人不能清偿到期债务，并且资产不足以清偿全部债务或者明显缺乏清偿能力的，可以依照破产法的规定清理债务。

考虑到国有企业在中国的特殊地位和作用，破产法对国有企业破产作出了过渡性的规定：在破产法施行前国务院规定的期限和范围内的国有企业实施破产的特殊事宜，按照国务院有关规定办理。在期限届满后，国有企业的破产则统一适用破产法的规定。

商业银行、保险公司、证券公司等金融机构的破产也有一些特殊的规定。破产法第 134 条规定，采取以下特别措施：

一是商业银行、证券公司、保险公司等金融机构不能清偿到期债务，并且资产不足以清偿全部债务或者明显缺乏清偿能力的，国务院金融监督管理机构可以向人民法院提出对该金融机构进行重整或者破产清算的申请。

二是国务院金融监督管理机构依法对出现重大经营风险的金融机构采取接管、托管等措施的，可以向人民法院申请中止以该金融机构为被告或者被执行人的民事诉讼程序或者执行程序。

三是金融机构实施破产的，国务院可以依据破产法和其他有关法律的规定制定实施办法。

需要注意的是，破产法尚未承认自然人的破产能力，而只赋予企业法人破产能力。在外国人的破产能力方面，中国对外国人（包括外国自然人、外国法人和外国法人的代表处或办事处）的破产能力没有作出明确的规定。但是公司法对于外国人的破产能力依然提出了要求：外国公司撤销其在中国境内的分支机构时，必须依法清偿债务，依照公司法有关公司清算程序的规定进行清算。未清偿债务之前，不得将其分支机构的财产移至中国境外。

二、破产原因

破产原因是破产程序启动的实质性条件之一，是指适用破产程序所依据的特定法律事实。关于破产原因的规定，各国有不同的立法实践。破产法将不能清偿到期债务和资不抵债相结合作为判断企业破产的标准。《最高人民法院关于适用〈中华人民共和国企业破产法〉若干问题的规定(一)》进一步解释：具备破产原因的情形有两个，其一是债务人不能清偿到期债务并且资产不足以清偿全部债务，其二是债务人不能清偿到期债务且明显缺乏清偿能力。

所谓不能清偿到期债务，是指同时存在以下三种情形：

1. 债权债务关系依法成立；

2. 债务履行期限已经届满；

3. 债务人未完全清偿债务。

当债务人的资产负债表，或者审计报告、资产评估报告等显示其全部资产不足以偿付全部负债时，应当认定为债务人资产不足以清偿全部债务，但有相反证据足以证明债务人资产能够偿付全部负债的除外。

债务人明显缺乏清偿能力，是指债务人账面资产虽大于负债，但存在下列情形之一：

1. 因资金严重不足或者财产不能变现等原因，无法清偿债务；

2. 法定代表人下落不明且无其他人员负责管理财产，无法清偿债务；

3. 经人民法院强制执行，无法清偿债务；

4. 长期亏损且经营扭亏困难，无法清偿债务；

5. 导致债务人丧失清偿能力的其他情形。

三、债务人财产

债务人财产，是指破产申请受理时属于债务人的全部财产，以及破产申请受理后至破产程序终结前债务人取得的财产。

债务人财产包括债务人所有或经营或拥有权利的财产以及债务人享有的财产权利，即除债务人所有的货币、实物外，债务人依法享有的可以用货币估价并可以依法转让的债权、股权、知识产权、用益物权等财产和财产权益，均应认定为债务人财产。

《最高人民法院关于适用〈中华人民共和国企业破产法〉若干问题的规定（二）》对特殊情形下的债务人财产作出了以下规定：

1. 债务人已经设定担保物权的特定财产，也属于债务人财产。对担保物权消灭或者实现担保物权后的剩余部分，在破产程序中可用以清偿破产费用、共益债务和其他破产债权。

2. 债务人对按份享有所有权的共有财产的相关份额，或者共同享有所有权的共有财产的相应财产权利，以及依法分割共有财产所得部分，也应认定为债务人财产。人民法院裁定债务人重整或者和解的，共有财产的分割应当依法进行；基于重整或者和解的需要必须分割共有财产，管理人请求分割的，人民法院应予准许。因分割共有财产导致其他共有人损害产生的债务，其他共有人请求作为共益债务清偿的，人民法院应予支持。

3. 破产申请受理后依法执行回转的财产，属于债务人财产。

4. 在所有权保留买卖合同中的出卖人破产，若其管理人决定继续履行所有权保留买卖合同的，该标的物不应认定为债务人财产，但是买受人按照原买卖合同的约定支付价款或者履行其他义务构成债务人财产。买受人未依约支付价款或者履行完毕其他义务，或者将标的物出卖、出质或者作出其他不当处分，给出卖人造成损害，出卖人管理人依法主张取回标的物的，该标的物构成债务人财产。但是，买受人已经支付标的物总价款75%以上或者第三人善意取得标的物所有权或者其他物权的除外。若未能取回标的物，出卖人管理人依法主张买受人继续支付价款、履行完毕其他义务以及承担的相应赔偿责任的，构成债务人财产。如果管理人决定解除所有权保留买卖合同，则有权要求买受人向其交付标的物，此时标的物构成债务人财产。买受人依法履行合同义务并将买卖标的物交付给出卖人后，买受人因此形成的债权作为共益债务清偿。但是，买受人违反合同约定，出卖人管理人可以主张前述债权为普通债权进行清偿。

四、破产债权

破产债权，是指破产程序启动前对破产企业所成立的，并且只通过破产程序，才可以从破产财产中获得公平受偿的债权。

（一）普通债权

普通债权是破产程序中最常见的债权形式，是需要通过破产财产分配公平来进行清偿的破产债权。包括破产申请受理时享有的无财产担保债权和放弃优先受偿权的债权，以及有财产担保但是债权的数额超过担保物价值未受清偿部分的债权。

（二）担保债权

破产法将有财产担保的债权也列入破产债权的范围，但是对破产人的特定财产享有担保权的权利人，对该特定财产享有优先受偿的权利。债权人行使优先受偿权利未能完全受偿的，其未受偿的债权作为普通债权；放弃优先受偿权利的，其债权作为普通债权。

（三）未到期债权

未到期的债权，在破产申请受理时视为到期。附利息的债权自破产申请受理时起停止计息。

(四) 附条件和附期限债权

附条件的债权分为附生效条件的债权和附解除条件的债权，对于这部分债权，管理人应当将其分配额提存。对于管理人提存的分配额，在最后分配公告日，生效条件未成就或者解除条件成就的，应当分配给其他债权人；在最后分配公告日，生效条件成就或者解除条件未成就的，应当交付给债权人。

附期限的债权分为附始期债权和附终期债权。附始期的债权都可以作为破产债权，附终期的债权若在破产程序开始后期限届至，则可以作为破产债权。

(五) 诉讼、仲裁中的未决债权

任何债权人在债务人未进入破产程序之前都有权依一般的诉讼或仲裁程序请求个别清偿，而一旦破产程序启动，该已经开始而尚未终结的民事诉讼或仲裁程序即应终止。在管理人接管债务人的财产后，该诉讼或者仲裁继续进行。因此破产程序启动造成的未决债权，应列入破产债权。

(六) 职工债权

职工债权包括债务人所欠职工的工资和医疗、伤残补助、抚恤费用，所欠的应当划入职工个人账户的基本养老保险、基本医疗保险费用，以及法律、行政法规规定应当支付给职工的补偿金。职工债权不必申报，由管理人调查后列出清单并予以公示。职工对清单记载有异议的，可以要求管理人更正；管理人不予更正的，职工可以向人民法院提起诉讼。

(七) 债务人的保证人或者其他连带债务人的求偿权

债务人的保证人或者其他连带债务人已经代替债务人清偿债务的，以其对债务人的求偿权申报债权。债务人的保证人或者其他连带债务人尚未代替债务人清偿债务的，以其对债务人的将来求偿权申报债权。但是，债权人已经向管理人申报全部债权的除外。

(八) 债权人对连带债务人的债权

连带债务人中有数人被裁定适用破产程序的，其债权人有权就全部债权分别在各破产案件中申报债权，而不限于债务人应当承担的份额。

(九) 解除合同后对方当事人的损害赔偿请求权

管理人或者债务人依照破产法规定解除合同的，对方当事人以因合同解除所产生的损害赔偿请求权申报债权。

（十）委托合同中的报酬请求权

债务人是委托合同的委托人，被裁定适用破产法规定的程序，受托人不知道该事实，继续处理委托事务的，受托人以由此产生的请求权申报债权。

（十一）票据付款人对出票人的票据偿付请求权

如果票据的出票人被裁定适用破产程序，该票据的付款人继续付款或者承兑的，付款人以由此产生的请求权申报债权。

五、破产费用和共益费用

破产费用是破产程序进行中的必要开支，主要包括人民法院受理破产申请后发生的破产案件的诉讼费用、管理、变价和分配债务人财产的费用、管理人执行职务的费用、报酬和聘用工作人员的费用。

共益债务，是指在破产程序中，为了全体债权人的共同利益或者为进行破产程序所必须负担的费用。共益债务主要包括人民法院受理破产申请后发生的下列债务：因管理人或者债务人请求对方当事人履行双方均未履行完毕的合同所产生的债务；债务人财产受无因管理所产生的债务；因债务人不当得利所产生的债务；为债务人继续营业而应支付的劳动报酬和社会保险费用以及由此产生的其他债务；管理人或者相关人员执行职务致人损害所产生的债务；债务人财产致人损害所产生的债务。管理人或者相关人员在执行职务过程中，因故意或者重大过失不当转让他人财产或者造成他人财产毁损、灭失，导致他人损害产生的债务作为共益债务，权利人可以向管理人或者相关人员主张其承担补充赔偿责任。

根据《最高人民法院关于适用〈中华人民共和国企业破产法〉若干问题的规定（二）》，共益债务还包括：因分割共有财产导致其他共有人损害产生的债务；因管理人以明显不合理的价格交易而行使撤销权产生的债务；债务人占有的他人财产被违法转让给第三人，若第三人已善意取得财产所有权，原权利人无法取回该财产的，对于发生在破产申请受理后的转让行为，因管理人或者相关人员执行职务导致原权利人损害产生的债务，作为共益债务清偿；若第三人未善意取得财产所有权，原权利人依法追回转让财产的，若转让行为发生在破产申请受理后，则因第三人已支付对价而产生的债务属于共益债务；债务人占有的他人财产毁损、灭失，因此获得的保险金、赔偿金已经交付给债务人，或者代偿物已经交付给债务人且不能与债务人财产予以区分的，若财产毁损、灭失发生在破产申请受理后的，因管理人或者相关人员执行职务导致权利人损害产生的债务，作为共益债务清偿；出卖人破产，其管理人决定解除所有权保留买卖合同，买受人依法履行合同义务并将买卖标的物交付出卖人管理人后，买受人已支付价款损失形成的债权作为共益债务清偿；买受人破产，其管理人决定继续履行所有权保留买卖合同的，原买卖合同中约定的买受人支付价款或者履行其他义务的期限在破产申请受理时视为到期，对因买受人未支付价款或者未履行完毕其他义务，以及买受人管理人将标的物出卖、出质或者作出其他不当处分导致出卖人损害产生的债务，出卖人可以主张作为共益债务清偿；买受人破产，其管理人决定解除所有权保留买卖合同，出卖人取回买卖标的物，对买受人已支付价款不足以弥补出卖人标的物价值减损损失形成的债权，出卖人可以主张作为共益债务清偿。

破产费用和共益债务由债务人财产随时清偿。债务人财产不足以清偿所有破产费用和共益债务的，先行清偿破产费用。债务人财产不足以清偿所有破产费用或者共益债务的，按照比例清偿。债务人财产不足以清偿破产费用的，管理人应当提请人民法院终结破产程序。人民法院应当自收到请求之日起 15 日内裁定终结破产程序，并予以公告。

六、破产关系中的其他财产权利

（一）取回权制度

取回权，是指第三人从破产管理人接管的财产中取回不属于破产人财产的请求权。破产法规定，人民法院受理破产申请后，债务人占有的不属于债务人的财产，该财产的权利人可以通过管理人取回。相应的，取回权还包括他人占有债务人财产，债务人的管理人可以依法取回的权利。在人民法院受理破产申请后，管理人可以通过清偿债务或者提供为债权人接受的担保，取回质物、留置物。

根据标的物占有情形的不同，可以将取回权分为一般取回权和特别取回权。

1. 一般取回权

人民法院受理破产申请后，债务人占有的不属于债务人的财产，该财产的权利人可以通过管理人取回。对于债务人占有权属不清的鲜活易腐等不易保存的财产或者不及时变现价值将严重贬损的财产，管理人及时变价并提存后，权利人可以就该变价款行使取回权。

债务人占有的他人财产被违法转让给第三人，若该第三人已依法善意取得财产所有权，导致原权利人无法取回该财产的，如果转让行为发生在破产申请受理前的，原权利人因财产损失形成的债权，作为普通破产债权清偿；反之，若转让行为发生在破产申请受理后的，因管理人或者相关人员执行职务导致原权利人损害产生的债务，则作为共益债务清偿。

债务人占有的他人财产被违法转让给第三人，第三人已向债务人支付了转让价款，但未取得财产所有权，原权利人依法追回转让财产的，对因第三人已支付对价而产生的债务，转让行为发生在破产申请受理前的，作为普通破产债权清偿；转让行为发生在破产申请受理后的，作为共益债务清偿。

债务人占有的他人财产毁损、灭失，因此获得的保险金、赔偿金、代偿物尚未交付给债务人，或者代偿物虽已交付给债务人但能与债务人财产予以区分的，权利人有权取回就此获得的保险金、赔偿金、代偿物。如果保险金、赔偿金已经交付给债务人，或者代偿物已经交付给债务人且不能与债务人财产予以区分的，或者债务人占有的他人财产毁损、灭失，没有获得相应的保险金、赔偿金、代偿物，或者保险金、赔偿物、代偿物不足以弥补其损失的部分，则根据财产毁损、灭失发生的时间来处理。财产毁损、灭失发生在破产申请受理前的，权利人因财产损失形成的债权，作为普通破产债权清偿；财产毁损、灭失发生在破产申请受理后的，因管理人或者相关人员执行职务导致权利人损害产生的债务，作为共益债务清偿。

2. 特别取回权

特别取回权是以尚未被管理人实际控制的在途标的物为前提，且发生于买卖关系中的权利。破产法规定了出卖人取回权的行使：人民法院受理破产申请时，出卖人已将买卖标的物向作为买受人的债务人发运，债务人尚未收到且未付清全部价款的，出卖人可以取回在运途中的标的物。但是，管理人可以支付全部价款，请求出卖人交付标的物。

根据司法解释的规定，出卖人通过通知承运人或者实际占有人中止运输、返还货物、变更到达地，或者将货物交给其他收货人等方式，对在运途中标的物主张取回权但未能实现，或者在货物未达管理人前已向管理人主张取回在运途中标的物，在买卖标的物到达管理人后，出卖人向管理人主张取回的，管理人应予准许。出卖人对在运途中标的物未及时行使取回权，在买卖标的物到达管理人后向管理人行使在运途中标的物取回权的，管理人不应准许。

权利人行使取回权，应当在破产财产变价方案或者和解协议、重整计划草案提交债权人会议表决前向管理人提出。权利人在上述期限后主张取回相关财产的，应当承担延迟行使取回权增加的相关费用。权利人行使取回权时应当依法向管理人支付相关的加工费、保管费、托运费、委托费、代销费等费用，否则管理人有权拒绝其取回相关财产。

（二）别除权制度

别除权，是指债权人不依破产清算程序，而由管理人接管的破产财产中的特定财产单独优先受偿的权利。破产法规定，对破产人的特定财产享有担保权的权利人，对该特定财产享有优先受偿的权利。

别除权是以担保物权为基础权利的破产法上的特殊概念，其标的物是特定化的财产。能够成为别除权权利基础的主要有抵押权、质押权、留置权，其成立时间必须在破产宣告之前。需要注意的是，在法院受理破产申请前1年内成立的债权，债务人不得基于任何理由追加担保，否则可能被撤销。此外，别除权应在和解、重整程序结束后进行单独优先受偿，而不参加集体清偿。

别除权虽不依破产清算程序受偿，但也必须受到破产程序的限制。别除权的行使需要注意以下问题：

1. 别除权人应当在法定时间内向管理人申报债权，说明性质和数额；

2. 别除权行使时间一般在破产宣告后，在破产宣告前行使须符合法定情形；

3. 别除权可以转化为普通的破产债权，在破产清算中行使；

4. 别除权的行使可能受到职工债权的限制。但这种限制是有条件的，即职工债权为发生于现行破产法公布日之前，对于现行破产法公布日之后发生的职工债权，别除权人可以就别除权标的优先受偿。

（三）抵销权制度

抵销权，是指破产债权人在破产程序开始时对该债务人负有债务的，可不依破产分配程序以自己享有的破产债权与该债务相抵销的权利。中国破产法规定，债权人在破产申请受理前对债务人负有债务的，可以向管理人主张抵销。抵销权应由权利人向管理人提出主张行使，管理人不得主动提出抵销，除非该抵销使债务人财产受益。管理人收到债权人提出的主张债务抵销的通知后，经审查无异议的，抵销自管理人收到通知之日起生效。管理人对抵销主张有异议的，应当在约定的异议期限内或者自收到主张债务抵销的通知之日起 3 个月内向人民法院提起诉讼。无正当理由逾期提起的，人民法院不予支持。人民法院判决驳回管理人提起的抵销无效诉讼请求的，该抵销自管理人收到主张债务抵销的通知之日起生效。

由于抵销权的行使使抵销权人具有比一般破产债权人优越的受偿地位，因此法律对其作出了一些限制。破产法规定了不适用破产抵销的情形：

1. 债务人的债务人在破产申请受理后取得他人对债务人的债权的，不适用抵销；

2. 债权人已知债务人有不能清偿到期债务或者破产申请的事实，对债务人负担债务的，不得抵销。但是，债权人因为法律规定或者有破产申请 1 年前所发生的原因而负担债务的除外；

3. 债务人的债务人已知债务人有不能清偿到期债务或者破产申请的事实，对债务人取得债权，不得抵销；但是，债务人的债务人因为法律规定或者有破产申请 1 年前所发生的原因而取得债权的除外。

（四）撤销权制度

撤销权，是指由于破产人在破产申请受理前的临界期间内，作出有损债权人整体利益的行为，破产管理人请求法院撤销该行为，并将因该行为产生的财产利益回归破产财团的权利。

破产法对撤销权的适用范围进行了区分，并规定不同的适用条件。对于个别清偿行为的撤销，法律规定在人民法院受理破产申请前的 6 个月内，债务人有不能清偿到期债务并且资不抵债或者明显缺乏清偿能力的情形，仍对个别债权人进行清偿的，管理人有权请求人民法院予以撤销。但是，个别清偿使债务人财产受益的除外。

对于其他可撤销行为的撤销，破产法规定，人民法院受理破产申请前 1 年内，涉及债务人财产的下列行为，管理人有权请求人民法院予以撤销：

1. 无偿转让财产的；

2. 以明显不合理的价格进行交易的；

3. 对没有财产担保的债务提供财产担保的；

4. 对未到期的债务提前清偿的；

5. 放弃债权的。

管理人行使撤销权须受临界期的限制，根据司法解释的相关规定，对于可撤销行为的起算点，债务人经过行政清理程序转入破产程序的，可撤销行为的起算点为行政监管机构作出撤销裁决之日；因强制清算程序转入破产程序的，为人民法院裁定受理强制清算申请之日。

【风险提示】

破产法尚未承认自然人的破产能力。

【法条指引】

中华人民共和国企业破产法（节录）

第二条 企业法人不能清偿到期债务，并且资产不足以清偿全部债务或者明显缺乏清偿能力的，依照本法规定清理债务。

企业法人有前款规定情形，或者有明显丧失清偿能力可能的，可以依照本法规定进行重整。

最高人民法院关于适用《中华人民共和国企业破产法》若干问题的规定（一）（节录）

第一条 债务人不能清偿到期债务并且具有下列情形之一的，人民法院应当认定其具备破产原因：

（一）资产不足以清偿全部债务；

（二）明显缺乏清偿能力。

相关当事人以对债务人的债务负有连带责任的人未丧失清偿能力为由，主张债务人不具备破产原因的，人民法院应不予支持。

最高人民法院关于适用《中华人民共和国企业破产法》若干问题的规定（二）（节录）

第二条 下列财产不应认定为债务人财产：

（一）债务人基于仓储、保管、承揽、代销、借用、寄存、租赁等合同或者其他法律关系占有、使用的他人财产；

（二）债务人在所有权保留买卖中尚未取得所有权的财产；

（三）所有权专属于国家且不得转让的财产；

（四）其他依照法律、行政法规不属于债务人的财产。

第三条 债务人已依法设定担保物权的特定财产，人民法院应当认定为债务人财产。

对债务人的特定财产在担保物权消灭或者实现担保物权后的剩余部分，在破产程序中可用以清偿破产费用、共益债务和其他破产债权。

第四条 债务人对按份享有所有权的共有财产的相关份额，或者共同享有所有权的共有财产的相应财产权利，以及依法分割共有财产所得部分，人民法院均应认定为债务人财产。

人民法院宣告债务人破产清算，属于共有财产分割的法定事由。人民法院裁定债务人重整或者和解的，共有财产的分割应当依据物权法第九十九条的规定进行；基于重整或者和解的需要必须分割共有财产，管理人请求分割的，人民法院应予准许。

因分割共有财产导致其他共有人损害产生的债务，其他共有人请求作为共益债务清偿的，人民法院应予支持。

第二节 破产程序中的主体

【规则要点】

在破产程序中，参与破产程序的当事人被称作破产程序的主体，他们依据其在破产法律关系中的不同地位，享有权利并承担义务。具体包括破产债务人、人民法院、管理人和债权人会议。

【理解与适用】

一、破产债务人

具有破产原因的企业法人进入破产程序后被称为债务人。在破产程序中，债务人成为形式上的企业所有者，企业财产的管理和控制权移交给管理人，并在债权人会议的实际控制下运作。

破产法规定，自人民法院受理破产申请的裁定送达债务人之日起至破产程序终结之日，债务人的有关人员（法定代表人以及法院决定的其他经营管理人员）承担下列义务：

（1）妥善保管其占有和管理的财产、印章和账簿、文书等资料；

（2）根据人民法院、管理人的要求进行工作，并如实回答询问；

（3）列席债权人会议并如实回答债权人的询问；

（4）未经人民法院许可，不得离开住所地；

（5）不得新任其他企业的董事、监事、高级管理人员。

二、人民法院

人民法院是破产程序的裁判者，也是破产程序的主导者。在破产程序中，破产申请是否受理、管理人的指定、债权人会议的召集、重整程序、和解程序、破产宣告以及破产程序的终结都由人民法院裁定。此外，在破产程序过程中的一些未决事项或特别事项也需要人民法院的裁定或同意。

三、破产管理人

破产管理人，是指破产案件中，在法院的指挥和监督之下全面接管破产财产并负责对其进行保管、清理、估价、处理和分配的专门机构。破产管理人是破产程序中最重要的一个机构，一方面是债务人财产的接管人、追及人、管理人，另一方面也是破产企业的托管人、营运人、清算人，具体管理破产中的各项事务，因此破产程序能否在公正、公平和高效的基础上顺利进行和终结，与破产管理人能否妥善履行职责密切相关。

（一）破产管理人的资格

破产管理人位于破产程序的核心地位，合理界定破产管理人的任职资格是保证破产程序顺利进行的前提和基础。管理人可以由有关部门、机构人员组成的清算组或者依法设立的律师事务所、会计师事务所、破产清算事务所等社会中介机构担任。人民法院根据债务人的实际情况，可以在征询有关社会中介机构的意见后，指定该机构具备相关专业知识并取得执业资格的人员担任管理人。

有下列情形之一的，不得担任管理人：

（1）因故意犯罪受过刑事处罚；

（2）曾被吊销相关专业执业证书；

（3）与本案有利害关系；

（4）人民法院认为不宜担任管理人的其他情形。

个人担任管理人的，还应当参加执业责任保险。

（二）破产管理人的选任

破产管理人的选任模式在各国破产法中主要有三种：法院选任、债权人会议选任以及债权人会议选任为主，辅之以法院选任。中国破产法规定破产管理人由人民法院指定。债权人会议认为管理人不能依法、公正执行职务或者有其他不能胜任职务情形的，可以申请人民法院予以更换。指定管理人和确定管理人报酬的办法，由最高人民法院规定。该规定既有利于各方当事人利益的维护，又有利于债权人意思自治，同时提高选任效率，值得肯定。

管理人一经选任，没有正当理由不得辞去职务。管理人辞去职务应当经人民法院许可。

（三）破产管理人的职责

破产管理人为破产财团代表机关，因此凡符合破产程序进行的目的而管理破产财团事务的行为均应属于破产管理人的职责。管理人依法执行职务，向人民法院报告工作，并接受债权人会议和债权人委员会的监督。管理人应当列席债权人会议，向债权人会议报告职务执行情况，并回答询问。

根据破产法的规定，管理人履行下列职责：接管债务人的财产、印章和账簿、文书等资料；调查债务人财产状况，制作财产状况报告；决定债务人的内部管理事务；决定债务人的日常开支和其他必要开支；在第一次债权人会议召开之前，决定继续或者停止债务人的营业；管理和处分债务人的财产；代表债务人参加诉讼、仲裁或者其他法律程序；提议召开债权人会议；人民法院认为管理人应当履行的其他职责。破产法对管理人的职责另有规定的，适用其规定。

管理人应当勤勉尽责，忠实执行职务。在第一次债权人会议召开之前，管理人决定继续或者停止债务人的营业或者实施破产法第69条规定行为之一的，应当经人民法院许可。管理人经人民法院许可，可以聘用必要的工作人员。管理人的报酬由人民法院确定。但如果债权人会议对管理人的报酬有异议的，其有权向人民法院提出。

四、债权人会议

债权人会议是由所有依法申报债权的债权人组成的，协调债权人行动，表达债权人意志，实现债权人的破产程序参与权的议事机构。

（一）债权人会议的组成

债权人会议是全体债权人的自治性团体，任何在人民法院受理破产申请时对债务人享有债权的债权人均有权成为债权人会议的成员。但事实上，只有依法申报债权的债权人才是债权人会议的成员，有权参加债权人会议，并享有表决权。

根据债权人所持债权性质的不同，债权人会议可以分为3类：

1. 有表决权的债权人

有表决权的债权人指对债权人会议的所有决议事项均享有表决权的债权人。依法申报并经人民法院裁定确认的普通破产债权人均为有表决权的债权人。

2. 限制表决权的债权人

限制表决权的债权人指对债权人会议的法定议决事项中的一项或几项不享有表决权的债权人。如对债务人的特定财产享有担保权并未放弃优先受偿权利的债权人，对和解协议和破产财产的分配方案的通过不享有表决权；职工债权人只对有关事项发表意见进行表决。

3. 无表决权的债权人

无表决权的债权人指对债权人会议的所有议决事项不享有表决权或表决权待定的债权人。根据破产法规定，债权尚未确定的债权人，除人民法院能够为其行使表决权而临时确定债权额的外，不得行使表决权。

债权人会议设主席一人，由人民法院从有表决权的债权人中指定。债权人会议主席主持债权人会议。

（二）债权人会议的职权

根据破产法的规定，债权人会议行使下列职权：核查债权；申请人民法院更换管理人，审查管理人的费用和报酬；监督管理人；选任和更换债权人委员会成员；决定继续或者停止债务人的营业；通过重整计划；通过和解协议；通过债务人财产的管理方案；通过破产财产的变价方案；通过破产财产的分配方案；人民法院认为应当由债权人会议行使的其他职权。

（三）债权人会议的召集与召开

第一次债权人会议由人民法院召集，自债权申报期限届满之日起15日内召开。以后的债权人会议，在人民法院认为必要时，或者管理人、债权人委员会、占债权总额1/4以上的债权人向债权人会议主席提议时召开。

召开债权人会议，管理人应当提前15日通知已知的债权人。债权人可以亲自出席债权人会议，也可以委托代理人出席债权人会议，行使表决权。代理人出席债权人会议，应当向人民法院或者债权人会议主席提交债权人的授权委托书。职工债权的债权人不必全体出席债权人会议，但是债权人会议应当有债务人的职工和工会的代表参加，并对有关事项发表意见。

债权人会议应当将所议事项的决议做成会议记录。

（四）债权人会议的决议

债权人会议作为全体债权人的意思决定机关，其会议决议对于全体债权人均具有约束力。因此，法律规定了债权人会议决议通过的制度，即由出席会议的有表决权的债权人过半数通过，并且其所代表的债权额占无财产担保债权总额的1/2以上。但是，法律另有规定的除外。

债权人认为债权人会议的决议违反法律规定，损害其利益的，可以自债权人会议作出决议之日起15日内，请求人民法院裁定撤销该决议，责令债权人会议依法重新作出决议。

对于某些特殊事项，如果债权人会议无法通过的，由人民法院裁定。

第一，对债务人财产管理方案以及破产财产变价方案的通过，经债权人会议表决未通过的，由人民法院裁定。

第二，对破产财产分配方案的通过，若经债权人会议二次表决仍未通过的，由人民法院裁定。

债权人对人民法院的裁定不服的可以申请复议。对债务人财产管理方案和变价方案的裁定不服的，任何债权人都可以申请复议；对破产财产分配方案不服的，只有债权额占无财产担保债权总额 1/2 以上的债权人可以自裁定宣布之日起或者收到通知之日起 15 日内向该人民法院申请复议。复议期间不停止裁定的执行。

（五）债权人委员会

债权人委员会是代表债权人会议监督债权人会议决议贯彻执行和破产分配公正进行的常设机构。债权人会议的议事方式和决策机制决定其很难实现对破产过程的实时监督，因此，各国破产法中多为债权人会议设计常设的监督机构，有利于建立破产程序中的制约机制，更好地实现债权人自治。债权人委员会在各国破产法中的称谓并非一致，美国和英国等国家称之为检查委员会。日本和韩国等国家称之为监察人或检查人。还有的国家称之为债权人委员会，如德国、意大利、法国等。中国破产法亦称之为债权人委员会，并规定债权人委员会为可供选择设立的机关，即债权人会议可以设立也可以不设立债权人委员会。

1. 债权人委员会的组成

根据破产法的规定，债权人委员会由债权人会议选任的债权人代表和 1 名债务人的职工代表或者工会代表组成。债权人委员会成员不得超过 9 人。债权人委员会成员应当经人民法院书面决定认可。

2. 债权人委员会的职权

债权人委员会是债权人会议的代表机关，主要履行债权人会议的监督职权和其他委托的职权。破产法规定债权人委员会行使下列职权：监督债务人财产的管理和处分；监督破产财产分配；提议召开债权人会议；债权人会议委托的其他职权。

管理人实施下列行为，应当及时报告债权人委员会：涉及土地、房屋等不动产权益的转让；探矿权、采矿权、知识产权等财产权的转让；全部库存或者营业的转让；借款；设定财产担保；债权和有价证券的转让；履行债务人和对方当事人均未履行完毕的合同；放弃权利；担保物的取回；对债权人利益有重大影响的其他财产处分行为。未设立债权人委员会的，管理人实施上述行为应当及时报告人民法院。

债权人委员会执行职务时，有权要求管理人、债务人的有关人员对其职权范围内的事务作出说明或者提供有关文件。管理人、债务人的有关人员违反规定拒绝接受监督的，债权人委员会有权就监督事项请求人民法院作出决定；人民法院应当在5日内作出决定。

【法条指引】

中华人民共和国企业破产法（节录）

第七条 债务人有本法第二条规定的情形，可以向人民法院提出重整、和解或者破产清算申请。

债务人不能清偿到期债务，债权人可以向人民法院提出对债务人进行重整或者破产清算的申请。

企业法人已解散但未清算或者未清算完毕，资产不足以清偿债务的，依法负有清算责任的人应当向人民法院申请破产清算。

第十三条 人民法院裁定受理破产申请的，应当同时指定管理人。

第二十二条 管理人由人民法院指定。

债权人会议认为管理人不能依法、公正执行职务或者有其他不能胜任职务情形的，可以申请人民法院予以更换。

指定管理人和确定管理人报酬的办法，由最高人民法院规定。

第五十九条第一款 依法申报债权的债权人为债权人会议的成员，有权参加债权人会议，享有表决权。

第六十条 债权人会议设主席一人，由人民法院从有表决权的债权人中指定。

债权人会议主席主持债权人会议。

第三节 具体破产程序

【规则要点】

企业破产必须严格依法进行，既要保护债权人利益，也要保护破产企业及其股东的合法权益，更要保护破产企业职工合法利益。

【理解与适用】

一、破产申请

破产程序的启动除了需要满足实质条件外，尚需程序要件的支持。中国采取申请主义原则，破产程序以当事人的申请作为开始的条件，以人民法院的受理作为破产程序开始的标志。

（一）破产申请的主体

破产申请的主体，是指依照破产法的规定有权提出破产申请的主体。破产法规定，债务人、债权人以及企业的清算人都是适格的破产申请主体。但是三者提出破产申请的条件有所不同。

企业法人不能清偿到期债务，并且资产不足以清偿全部债务或者明显缺乏清偿能力，或者有明显丧失清偿能力可能的，债务人可以向人民法院提出重整、和解或者破产清算申请。

债务人不能清偿到期债务时，债权人可以向人民法院提出对债务人进行重整或者破产清算的申请。

企业法人已解散但未清算或者未清算完毕，资产不足以清偿债务的，依法负有清算责任的人应当向人民法院申请破产清算。

（二）破产申请的条件

向人民法院提出破产申请，应当提交破产申请书和有关证据。

破产申请书应当载明下列事项：

（1）申请人、被申请人的基本情况；

（2）申请目的；

（3）申请的事实和理由；

（4）人民法院认为应当载明的其他事项。

债务人提出申请的，还应当向人民法院提交财产状况说明、债务清册、债权清册、有关财务会计报告、职工安置预案以及职工工资的支付和社会保险费用的缴纳情况。在人民法院受理破产申请前，申请人可以请求撤回申请。

二、破产申请的受理

（一）破产申请的审查和受理

破产申请的受理是破产程序开始的标志，人民法院接受破产申请，应当对破产申请进行审查，对符合条件的予以立案。债权人提出破产申请的，人民法院应当自收到申请之日起 5 日内通知债务人。债务人对申请有异议的，应当自收到人民法院的通知之日起 7 日内向人民法院提出。人民法院应当自异议期满之日起 10 日内裁定是否受理。除前述情形外，人民法院应当自收到破产申请之日起 15 日内裁定是否受理。如有特殊情况需要延长前述裁定受理期限的，经上一级人民法院批准，可以延长 15 日。

人民法院受理破产申请的，应当自裁定作出之日起 5 日内送达申请人。债权人提出申请的，人民法院应当自裁定作出之日起 5 日内送达债务人。债务人应当自裁定送达之日起 15 日内，向人民法院提交财产状况说明、债务清册、债权清册、有关财务会计报告以及职工工资的支付和社会保险费用的缴纳情况。

人民法院裁定不受理破产申请的，应当自裁定作出之日起 5 日内送达申请人并说明理由。申请人对裁定不服的，可以自裁定送达之日起 10 日内向上一级人民法院提起上诉。人民法院受理破产申请后至破产宣告前，经审查发现债务人不符合规定情形的，可以裁定驳回申请。申请人对裁定不服的，可以自裁定送达之日起 10 日内向上一级人民法院提起上诉。

人民法院应当自裁定受理破产申请之日起 25 日内通知已知债权人，并予以公告。通知和公告应当载明下列事项：

（1）申请人、被申请人的名称或者姓名；

（2）人民法院受理破产申请的时间；

（3）申报债权的期限、地点和注意事项；

（4）管理人的名称或者姓名及其处理事务的地址；

（5）债务人的债务人或者财产持有人应当向管理人清偿债务或者交付财产的要求；

（6）第一次债权人会议召开的时间和地点；

（7）人民法院认为应当通知和公告的其他事项。

（二）破产申请受理后的法律效果

1. 对债务人及其有关人员的约束

自人民法院受理破产申请的裁定送达债务人之日起至破产程序终结之日，债务人的有关人员承担下列义务：

（1）妥善保管其占有和管理的财产、印章和账簿、文书等资料；

（2）根据人民法院、管理人的要求进行工作，并如实回答询问；

（3）列席债权人会议并如实回答债权人的询问；

（4）未经人民法院许可，不得离开住所地；

（5）不得新任其他企业的董事、监事、高级管理人员。

其中前述有关人员，是指企业的法定代表人；经人民法院决定，可以包括企业的财务管理人员和其他经营管理人员。

2. 对债权人行为的约束

破产申请的受理阻却了债权人的个别追索行为，债务人对个别债权人的债务清偿无效。债权人不能向法院提起新的民事诉讼，有担保物权的债权人未经法院的批准不得行使优先权，作为债权人的债务人不得扣划债务人的存款和汇入款抵还贷款。

3. 对债务人的债务人以及财产持有人的约束

人民法院受理破产申请后，债务人的债务人或者财产持有人应当向管理人清偿债务或者交付财产。债务人的债务人或者财产持有人故意违反规定向债务人清偿债务或者交付财产，使债权人受到损失的，不免除其清偿债务或者交付财产的义务。

4. 对管理人的约束

人民法院受理破产申请后，管理人开始履行职责。管理人对破产申请受理前成立而债务人和对方当事人均未履行完毕的合同有权决定解除或者继续履行，并通知对方当事人。管理人自破产申请受理之日起 2 个月内未通知对方当事人，或者自收到对方当事人催告之日起30 日内未答复的，视为解除合同。管理人决定继续履行合同的，对方当事人应当履行；但是，对方当事人有权要求管理人提供担保。管理人不提供担保的，视为解除合同。

人民法院受理破产申请后，有关债务人财产的保全措施应当解除，执行程序应当中止。有关债务人的民事诉讼，只能向受理破产申请的人民法院提起；已经开始而尚未终结的有关债务人的民事诉讼或者仲裁程序应当中止，在管理人接管债务人的财产后，该诉讼或者仲裁程序继续进行。

三、破产债权的申报

破产债权申报，是指债权人在破产程序开始后的法定期限内，向法院或法院指定的机构申报债权并由此作出依照破产程序行使权利的意思表示。债权申报具有两方面的意义：其一，债权人取得破产程序当事人的地位并相应地取得破产程序参与权和分配请求权的必经程序；其二，债权申报的提出可昭示债权诉讼时效的中断。

（一）破产债权申报的条件

人民法院受理破产申请时对债务人享有债权的债权人，依照规定的程序行使权利。

债权申报应符合以下条件：

1. 在法定期限内申报

破产法规定，人民法院受理破产申请后，应当确定债权人申报债权的期限。债权申报期限自人民法院发布受理破产申请公告之日起计算，最短不得少于30日，最长不得超过3个月。但是，由于债权申报期限本质上是一种诉讼期间，逾期未申报债权在性质上丧失的仅是诉讼地位上的权利和地位，不会产生丧失实体债权的法律后果，因此，破产法对逾期未申报的破产债权规定了如下救济途径：在人民法院确定的债权申报期限内，债权人未申报债权的，可以在破产财产最后分配前补充申报。但是，此前已进行的分配，不再对其补充分配。为审查和确认补充申报债权的费用，由补充申报人承担。

2. 向法定机关申报

破产债权的申报需要由债权人向法定机关作出破产债权申报的意思表示。从各国立法来看，多数国家规定由破产管理人接受债权申报，也有国家规定由债权人会议或法院接受申报。破产法规定债权人应当在人民法院确定的债权申报期限内向管理人申报债权。因此，在中国，接受破产债权申报的法定机关是管理人。

3. 以法定方式申报

债权人申报债权时，应当书面说明债权的数额和有无财产担保，并提交有关证据。申报的债权是连带债权的，应当说明。

（二）债权申报的范围及例外

债权申报是破产程序中债权人权利实现的先决条件，因此各国法律一般不对债权申报的范围加以限制。即凡是在破产申请受理前成立的债权都可以申报。连带债权人可以由其中一人代表全体连带债权人申报债权，也可以共同申报债权。附条件、附期限的债权和诉讼、仲裁未决的债权，债权人可以申报。未到期的债权，在破产申请受理时视为到期。附利息的债权自破产申请受理时起停止计息。

对于一些特殊的债权，破产法作出了一些特别的规定。如债务人所欠职工的工资和医疗、伤残补助、抚恤费用，所欠的应当划入职工个人账户的基本养老保险、基本医疗保险费用，以及法律、行政法规规定应当支付给职工的补偿金，不必申报，由管理人调查后列出清单并予以公示。职工对清单记载有异议的，可以要求管理人更正；管理人不予更正的，职工可以向人民法院提起诉讼。

管理人收到债权申报材料后，应当登记造册，对申报的债权进行审查，并编制债权表，提交第一次债权人会议核查。债务人、债权人对债权表记载的债权无异议的，由人民法院裁定确认。债务人、债权人对债权表记载的债权有异议的，可以向受理破产申请的人民法院提起诉讼。债权表和债权申报材料由管理人保存，供利害关系人查阅。

【风险提示】

债务人进入破产程序后，有关债务人的诉讼，只能向受理破产申请的人民法院提起。破产程序中因股权转让产生的纠纷，与债务人的利益具有相关性，因此应当由受理破产申请的法院管辖。

【相关案例】

涉港股权转让纠纷管辖权异议案

2007年8月9日，王某甲、王某乙、程某某与金顺来投资发展有限公司（以下简称金顺来公司）、绿景企业管理集团有限公司（以下简称绿景公司）签订《委托重整协议》，约定王某甲、王某乙、程某某将其持有的旺海怡康公司股权转让给金顺来公司，金顺来公司以支付现金和重整利润作为股权对价，由绿景公司承担连带担保责任。2007年11月8日，深圳市中级人民法院作出民事裁定，批准旺海怡康公司重整计划，终止重整程序。

后因金顺来公司、绿景公司支付20万元股权转让款后就再未继续支付，王某甲、王某乙、程某某向广东省高级人民法院起诉，要求金顺来公司支付剩余股权转让款及违约金，绿景公司承担连带担保责任。

绿景公司提出管辖权异议，认为王某甲、王某乙、程某某提起的股权转让纠纷诉讼，与旺海怡康公司直接相关，涉及破产重整的事实，应当由深圳市中级人民法院管辖。

本案经过一审后，由最高人民法院进行二审。最高人民法院认为，本案中，股权补偿款分现金和重整利润部分，其中重整利润的计算与旺海怡康公司破产清算案是有关联的，本案的处理结果将会影响旺海怡康公司破产清算案中重整方案的实施和结果，因此应当由破产受理法院即深圳市中级人民法院审理。

【法条指引】

中华人民共和国企业破产法（节录）

第七条　债务人有本法第二条规定的情形，可以向人民法院提出重整、和解或者破产清算申请。

债务人不能清偿到期债务，债权人可以向人民法院提出对债务人进行重整或者破产清算的申请。

企业法人已解散但未清算或者未清算完毕，资产不足以清偿债务的，依法负有清算责任的人应当向人民法院申请破产清算。

第十条　债权人提出破产申请的，人民法院应当自收到申请之日起五日内通知债务人。债务人对申请有异议的，应当自收到人民法院的通知之日起七日内向人民法院提出。人民法院应当自异议期满之日起十日内裁定是否受理。

除前款规定的情形外，人民法院应当自收到破产申请之日起十五日内裁定是否受理。

有特殊情况需要延长前两款规定的裁定受理期限的，经上一级人民法院批准，可以延长十五日。

第二十一条　人民法院受理破产申请后，有关债务人的民事诉讼，只能向受理破产申请的人民法院提起。

第四十五条 人民法院受理破产申请后，应当确定债权人申报债权的期限。债权申报期限自人民法院发布受理破产申请公告之日起计算，最短不得少于三十日，最长不得超过三个月。

第四十六条 未到期的债权，在破产申请受理时视为到期。

附利息的债权自破产申请受理时起停止计息。

第四十七条 附条件、附期限的债权和诉讼、仲裁未决的债权，债权人可以申报。

第四十八条 债权人应当在人民法院确定的债权申报期限内向管理人申报债权。

债务人所欠职工的工资和医疗、伤残补助、抚恤费用，所欠的应当划入职工个人账户的基本养老保险、基本医疗保险费用，以及法律、行政法规规定应当支付给职工的补偿金，不必申报，由管理人调查后列出清单并予以公示。职工对清单记载有异议的，可以要求管理人更正；管理人不予更正的，职工可以向人民法院提起诉讼。

最高人民法院关于适用《中华人民共和国企业破产法》若干问题的规定（二）（节录）

第二十一条 破产申请受理前，债权人就债务人财产提起下列诉讼，破产申请受理时案件尚未审结的，人民法院应当中止审理：

（一）主张次债务人代替债务人直接向其偿还债务的；

（二）主张债务人的出资人、发起人和负有监督股东履行出资义务的董事、高级管理人员，或者协助抽逃出资的其他股东、董事、高级管理人员、实际控制人等直接向其承担出资不实或者抽逃出资责任的；

（三）以债务人的股东与债务人法人人格严重混同为由，主张债务人的股东直接向其偿还债务人对其所负债务的；

（四）其他就债务人财产提起的个别清偿诉讼。

债务人破产宣告后，人民法院应当依照企业破产法第四十四条的规定判决驳回债权人的诉讼请求。但是，债权人一审中变更其诉讼请求为追收的相关财产归入债务人财产的除外。

债务人破产宣告前，人民法院依据企业破产法第十二条或者第一百零八条的规定裁定驳回破产申请或者终结破产程序的，上述中止审理的案件应当依法恢复审理。

第二十三条第一款　破产申请受理后，债权人就债务人财产向人民法院提起本规定第二十一条第一款所列诉讼的，人民法院不予受理。

第四节　重整程序

【规则要点】

重整制度具有债务清偿和企业再建的双重目的，并将债务清偿的目标建立在企业复兴的基础之上，既符合营运价值高于清算价值的经济学理念，也反映了私权价值与社会利益协调一致的商法精神。

【理解与适用】

一、重整的概念

重整，是指对陷入财务困境而又有再生希望的债务人，依法定程序进行债务调整和企业整理并使其走向复兴的再建型债务清理程序。

当企业法人不能清偿到期债务，并且资产不足以清偿全部债务或者明显缺乏清偿能力时，可以依法启动重整程序。

二、重整的具体程序

（一）重整的申请和受理

重整申请包括两种：

1. 直接申请重整

即企业法人清偿不能并且资不抵债或者明显缺乏清偿能力的，可以由债权人或债务人申请重整；或者，企业法人有明显丧失清偿能力可能的，可以由债权人或债务人直接申请重整。

2. 申请破产清算后的重整

根据破产法规定，债权人申请对债务人进行破产清算的，在人民法院受理破产申请后、宣告破产前，债务人或者出资额占债务人注册资本1/10

以上的出资人，可以向人民法院申请重整。

人民法院经审查认为重整申请符合法律规定的，应当裁定债务人重整，并予以公告。

（二）重整期间

重整期间，是指人民法院裁定债务人重整之日起至重整程序终止的一段时间。重整期间须进行营业保护，以实现通过重整程序拯救企业的目的。具体表现为：

1. 债务人财产经营管理人的确定

在重整期间，经债务人申请，人民法院批准，债务人可以在管理人的监督下自行管理财产和营业事务。已接管债务人财产和营业事务的管理人应当向债务人移交财产和营业事务，管理人的职权由债务人行使。若是由管理人负责管理财产和营业事务的，可以聘任债务人的经营管理人员负责营业事务。

2. 继续营业的保护

营业保护是重整的首要任务，建立营业保护机制是重整最重要的议题之一。破产法规定了如下营业保护措施：

第一，在重整期间，对债务人的特定财产享有的担保权暂停行使。但是，担保物有损坏或者价值明显减少的可能，足以危害担保权人权利的，担保权人可以向人民法院请求恢复行使担保权。

第二，在重整期间，债务人或者管理人为继续营业而借款的，可以为该借款设定担保。

第三，债务人合法占有的他人财产，该财产的权利人在重整期间要求取回的，应当符合事先约定的条件。

第四，在重整期间，债务人的出资人不得请求投资收益分配。

第五，在重整期间，债务人的董事、监事、高级管理人员不得向第三人转让其持有的债务人的股权。但是，经人民法院同意的除外。

（三）重整程序终止

重整程序因下列情形，由人民法院裁定终止：

1. 在重整期间，有下列情形之一的，经管理人或者利害关系人请求，人民法院应当裁定终止重整程序，并宣告债务人破产：第一，债务人的经营状况和财产状况继续恶化，缺乏挽救的可能性；第二，债务人有欺诈、恶意减少债务人财产或者其他显著不利于债权人的行为；第三，由于债务人的行为致使管理人无法执行职务。

2. 债务人或者管理人未按期提出重整计划草案的，人民法院应当裁定终止重整程序，并宣告债务人破产。

3. 人民法院裁定批准或强制批准重整计划草案的，应当终止重整程序。

4. 重整计划草案未获得通过且未被强制批准，或者已通过的重整计划未获得批准的，裁定终止。

裁定终止的重整程序除上述第3种情况外，均依法进入破产清算程序。

三、重整计划

重整计划，是债务人、债权人和其他利害关系人在协商基础上就债务清偿和企业复兴作出安排的文件。

（一）重整计划的制定和批准

1. 制定主体

关于重整计划草案的制定主体，各国立法有不同的规定。破产法以债务人、财产经管人作为重整计划草案的制定主体：债务人自行管理财产和营业事务的，由债务人制作重整计划草案。管理人负责管理财产和营业事务的，由管理人制作重整计划草案。

债务人或者管理人应当自人民法院裁定债务人重整之日起6个月内，同时向人民法院和债权人会议提交重整计划草案。6个月的期限届满，经债务人或者管理人请求，有正当理由的，人民法院可以裁定延期3个月。债务人或者管理人未按期提出重整计划草案的，人民法院应当裁定终止重整程序，并宣告债务人破产。

2. 重整计划的内容

破产法对重整计划草案的内容作出了规定，重整计划草案应当包括下列内容：

（1）债务人的经营方案；

（2）债权分类；

（3）债权调整方案；

（4）债权受偿方案；

（5）重整计划的执行期限；

（6）重整计划执行的监督期限；

（7）有利于债务人重整的其他方案。

（二）重整计划的表决和通过

重整计划是一个协议性文件，因此在由债务人、财产经营管理人制定后，需要取得债权人和其他利害关系人的同意才能成立。由于所涉及的利益关系性质不同，重整计划对其产生的影响也不同。因此，破产法对重整计划草案的表决采取分组表决的方式，将利害关系相同或相似的主体编入同一个组，以获取更真实立体的意思表示。各类债权的债权人参加讨论重整计划草案的债权人会议，依照下列债权分类、分组对重整计划草案进行表决：对债务人的特定财产享有担保权的债权；债务人所欠职工的工资和医疗、伤残补助、抚恤费用，所欠的应当划入职工个人账户的基本养老保险、基本医疗保险费用，以及法律、行政法规规定应当支付给职工的补偿金（重整计划不得规定减免债务人欠缴该项以外的社会保险费用，该项费用的债权人不参加重整计划草案的表决）；债务人所欠税款；普通债权。并且人民法院在必要时可以决定在普通债权组中设小额债权组对重整计划草案进行表决。

人民法院应当自收到重整计划草案之日起30日内召开债权人会议，对重整计划草案进行表决，债务人或者管理人应当向债权人会议就重整计划草案作出说明，并回答询问。出席会议的同一表决组的债权人过半数同意重整计划草案，并且其所代表的债权额占该组债权总额的2/3以上的，即为该组通过重整计划草案。债务人的出资人代表可以列席讨论重整计划草案的债权人会议。重整计划草案涉及出资人权益调整事项的，应当设出资人组，对该事项进行表决。各表决组均通过重整计划草案时，重整计划即为通过。

重整计划的生效以人民法院的批准为要件。自重整计划通过之日起10日内，债务人或者管理人应当向人民法院提出批准重整计划的申请。人民法院经审查认为符合规定的，应当自收到申请之日起30日内裁定批准，终止重整程序，并予以公告。

部分表决组未通过重整计划草案的，债务人或者管理人可以同未通过重整计划草案的表决组协商。该表决组可以在协商后再表决一次。双方协商的结果不得损害其他表决组的利益。未通过重整计划草案的表决组拒绝再次表决或者再次表决仍未通过重整计划草案，但重整计划草案符合下列条件的，债务人或者管理人可以申请人民法院批准重整计划草案：

（1）按照重整计划草案，对债务人的特定财产享有担保权的债权就该特定财产将获得全额清偿，其因延期清偿所受的损失将得到公平补偿，并且其担保权未受到实质性损害，或者该表决组已经通过重整计划草案；

（2）按照重整计划草案，债务人所欠职工的工资和医疗、伤残补助、抚恤费用，所欠的应当划入职工个人账户的基本养老保险、基本医疗保险费用，以及法律、行政法规规定应当支付给职工的补偿金和债务人所欠税款将获得全额清偿，或者相应表决组已经通过重整计划草案；

（3）按照重整计划草案，普通债权所获得的清偿比例，不低于其在重整计划草案被提请批准时依照破产清算程序所能获得的清偿比例，或者该表决组已经通过重整计划草案；

（4）重整计划草案对出资人权益的调整公平、公正，或者出资人组已经通过重整计划草案；

（5）重整计划草案公平对待同一表决组的成员，并且所规定的债权清偿顺序不违反破产法第113条的规定；

（6）债务人的经营方案具有可行性。

人民法院经审查认为重整计划草案符合以上规定的，应当自收到申请之日起30日内裁定批准，终止重整程序，并予以公告。需要注意的是，若重整计划草案未获得通过且未依照上述规定获得批准，或者已通过的重整计划未获得批准的，人民法院应当裁定终止重整程序，并宣告债务人破产。

（三）重整计划的执行

重整计划执行是对重整计划的具体实施，重整目的能否实现取决于重整计划执行是否顺利成功。因此，重整计划已获批准的前提下，由谁执行重整计划成为重整目的实现的关键。

关于重整计划的执行人各国亦有不同的规定，破产法规定重整计划由债务人负责执行。人民法院裁定批准重整计划后，已接管财产和营业事务的管理人应当向债务人移交财产和营业事务。自人民法院裁定批准重整计划之日起，在重整计划规定的监督期内，由管理人监督重整计划的执行。在监督期内，债务人应当向管理人报告重整计划执行情况和债务人财务状况。监督期限届满时，管理人应当向人民法院提交监督报告。自监督报告提交之日起，管理人的监督职责终止。管理人向人民法院提交的监督报告，重整计划的利害关系人有权查阅。经管理人申请，人民法院可以裁定延长重整计划执行的监督期限。

债务人不能执行或者不执行重整计划的，人民法院经管理人或者利害关系人请求，应当裁定终止重整计划的执行，并宣告债务人破产。人民法院裁定终止重整计划执行的，债权人在重整计划中作出的债权调整的承诺失去效力。债权人因执行重整计划所受的清偿仍然有效，债权未受清偿的部分作为破产债权。上述规定的债权人，只有在其他同顺位债权人同自己所受的清偿达到同一比例时，才能继续接受分配。在重整计划被裁定终止执行时，为重整计划的执行提供的担保继续有效。

经人民法院裁定批准的重整计划，对债务人和全体债权人均有约束力。债权人未依法申报债权的，在重整计划执行期间不得行使权利；在重整计划执行完毕后，可以按照重整计划规定的同类债权的清偿条件行使权利。债权人对债务人的保证人和其他连带债务人所享有的权利，不受重整计划的影响。

按照重整计划减免的债务，自重整计划执行完毕起，债务人不再承担清偿责任。

【法条指引】

中华人民共和国企业破产法（节录）

第七十条 债务人或者债权人可以依照本法规定，直接向人民法院申请对债务人进行重整。

债权人申请对债务人进行破产清算的，在人民法院受理破产申请后、宣告债务人破产前，债务人或者出资额占债务人注册资本十分之一以上的出资人，可以向人民法院申请重整。

第七十二条 自人民法院裁定债务人重整之日起至重整程序终止，为重整期间。

第七十八条 在重整期间，有下列情形之一的，经管理人或者利害关系人请求，人民法院应当裁定终止重整程序，并宣告债务人破产：

（一）债务人的经营状况和财产状况继续恶化，缺乏挽救的可能性；

（二）债务人有欺诈、恶意减少债务人财产或者其他显著不利于债权人的行为；

（三）由于债务人的行为致使管理人无法执行职务。

第七十九条 债务人或者管理人应当自人民法院裁定债务人重整之日起六个月内，同时向人民法院和债权人会议提交重整计划草案。

前款规定的期限届满，经债务人或者管理人请求，有正当理由的，人民法院可以裁定延期三个月。

债务人或者管理人未按期提出重整计划草案的，人民法院应当裁定终止重整程序，并宣告债务人破产。

第八十六条 各表决组均通过重整计划草案时，重整计划即为通过。

自重整计划通过之日起十日内，债务人或者管理人应当向人民法院提出批准重整计划的申请。人民法院经审查认为符合本法规定的，应当自收到申请之日起三十日内裁定批准，终止重整程序，并予以公告。

第八十九条 重整计划由债务人负责执行。

人民法院裁定批准重整计划后，已接管财产和营业事务的管理人应当向债务人移交财产和营业事务。

第五节　和解程序

【规则要点】

和解，是指具备破产原因或者有破产原因之虞的债务人，为避免破产清算，与债权人会议达成以让步方法了结债务的协议，并经法院认可后生效的法律程序。其基本程序包括和解的提出和受理、和解协议的通过和认可、和解协议的执行、和解程序的终止等。

【理解与适用】

一、和解的提出和受理

和解包括破产申请受理前的和解和破产申请受理后的和解。前者是指债务人依照破产法的规定直接向人民法院申请和解，后者是指债务人在人民法院受理破产申请后、宣告债务人破产前，向人民法院申请和解。

和解的申请主体仅为债务人。债务人申请和解，应当提出和解协议草案。

人民法院经审查认为和解申请符合规定的，应当裁定和解，予以公告，并召集债权人会议讨论和解协议草案。对债务人的特定财产享有担保权的权利人，自人民法院裁定和解之日起可以行使权利。

二、和解协议的通过和认可

和解协议须经债权人会议讨论通过。债权人会议通过和解协议的决议，需由出席会议的有表决权的债权人过半数同意，并且其所代表的债权额占无财产担保债权总额的2/3以上。

债权人会议通过和解协议的，由人民法院裁定认可，终止和解程序，并予以公告。管理人应当向债务人移交财产和营业事务，并向人民法院提交执行职务的报告。

三、和解协议的效力

经人民法院裁定认可的和解协议，对债务人和全体和解债权人均有约束力。债务人应当按照和解协议规定的条件清偿债务。和解债权人，是指人民法院受理破产申请时对债务人享有无财产担保债权的人。和解债权人未依照规定申报债权的，在和解协议执行期间不得行使权利；在和解协议执行完毕后，可以按照和解协议规定的清偿条件行使权利。

因债务人的欺诈或者其他违法行为而成立的和解协议，人民法院应当裁定无效，并宣告债务人破产。但此时债权人因执行和解协议所受的清偿，在其他债权人所受清偿同等比例的范围内，不予返还。

四、和解协议的执行

和解协议生效后，债务人应当执行和解协议。按照和解协议减免的债务，自和解协议执行完毕时起，债务人不再承担清偿责任。债务人不能执行或者不执行和解协议的，人民法院经和解债权人请求，应当裁定终止和解协议的执行，并宣告债务人破产。人民法院裁定终止和解协议执行的，和解债权人在和解协议中作出的债权调整的承诺失去效力。和解债权人因执行和解协议所受的清偿仍然有效，和解债权未受清偿的部分作为破产债权。和解债权人，只有在其他债权人同自己所受的清偿达到同一比例时，才能继续接受分配。债务人不能执行或者不执行和解协议被裁定终止执行时，为和解协议的执行提供的担保继续有效。

五、和解程序的终止

和解协议草案经债权人会议表决未获得通过，或者已经债权人会议通过的和解协议未获得人民法院认可的，人民法院应当裁定终止和解程序，同时宣告债务人破产。

【风险提示】

申请人只要达到了破产的条件即可申请破产和解，至于亏损严重程度和关联企业、股东是否存在占用申请人企业资产，以及是否有债权人已经提起了诉讼等情形，不是能否受理破产和解申请的法定条件。

【相关案例】

山东泗水水晶淀粉制品有限公司申请破产和解案

山东泗水水晶淀粉制品有限公司于2016年向泗水县人民法院提交破产和解申请，泗水县人民法院告知山东泗水水晶淀粉制品有限公司补正申请材料。补交有关材料后，泗水县法院于2017年5月8日裁定不予受理破产和解申请。山东泗水水晶淀粉制品有限公司遂于2017年向济宁市中级人民法院提起上诉。

济宁市中级人民法院认为，本案中，山东泗水水晶淀粉制品有限公司符合破产的法定原因，山东泗水水晶淀粉制品有限公司可以向法院申请破产和解。亏损严重程度和关联企业、股东是否存在占用申请人企业资产，以及是否有债权人已经提起了诉讼等情形，不是能否受理破产和解申请的法定条件。

【法条指引】

中华人民共和国企业破产法（节录）

第七条 债务人有本法第二条规定的情形，可以向人民法院提出重整、和解或者破产清算申请。

债务人不能清偿到期债务，债权人可以向人民法院提出对债务人进行重整或者破产清算的申请。

企业法人已解散但未清算或者未清算完毕，资产不足以清偿债务的，依法负有清算责任的人应当向人民法院申请破产清算。

第九十五条 债务人可以依照本法规定，直接向人民法院申请和解；也可以在人民法院受理破产申请后、宣告债务人破产前，向人民法院申请和解。

债务人申请和解，应当提出和解协议草案。

第九十六条 人民法院经审查认为和解申请符合本法规定的，应当裁定和解，予以公告，并召集债权人会议讨论和解协议草案。

对债务人的特定财产享有担保权的权利人，自人民法院裁定和解之日起可以行使权利。

第六节 破产清算程序

【规则要点】

破产清算，是指宣告企业破产以后，由清算组接管企业，对破产财产进行清算、评估和处理、分配。

【理解与适用】

一、破产宣告

破产宣告，是指法院在确认债务人具有无法消除的破产原因时依法作出的宣告债务人破产并进行破产清算的司法裁判行为。破产宣告意味着债务人企业将不可逆转地走向破产程序的实质性清算阶段，并以主体资格消灭为后果。

根据破产法的规定，破产宣告的法定情形包括：

（1）在重整期间，债务人的经营状况和财产状况持续恶化，缺乏挽救的可能性；债务人有欺诈、恶意减少债务人财产或者其他显著不利于债权人的行为；由于债务人的行为致使管理人无法执行职务；

（2）债务人或者管理人未按期提出重整计划草案的；

（3）重整计划草案未获得通过且未被强制执行，或者已通过的重整计划未获得批准的；

（4）和解协议草案经债权人会议表决未获得通过，或者已经通过未获得法院认可的；

（5）因债务人的欺诈或者其他违法行为而成立的和解协议被人民法院裁定无效的；

（6）债务人不执行或不能执行和解协议的。

但在破产宣告前，有下列情形之一的，可以不予破产宣告，而由人民法院直接裁定终结破产程序并予以公告：

（1）第三人为债务人提供足额担保或者为债务人清偿全部到期债务的；

（2）债务人已经清偿全部到期债务的。

人民法院依法宣告债务人破产的，应当自裁定作出之日起 5 日内送达债务人和管理人，自裁定作出之日起 10 日内通知已知债权人，并予以公告。

债务人被宣告破产后，债务人称为破产人，债务人财产称为破产财产，人民法院受理破产申请时将债务人享有的债权称为破产债权。破产人特定财产享有担保权的债权人行使优先受偿权利未能完全受偿的，其未受偿的债权作为普通债权；放弃优先受偿权利的，其债权作为普通债权。

二、变价与分配

破产分配，又称破产财产的分配，是指破产管理人将变价后的破产财产，依照符合法定顺序并经债权人会议通过的分配方案，对全体破产债权人进行公平清偿的程序。

（一）变价

变价，是指管理人将破产人的非货币类破产财产，通过合理的方式出让，使之转化为货币的形式，以便进行清算分配的过程。这是破产清算以货币分配为原则的体现。

根据破产法的规定，管理人应当及时拟订破产财产变价方案，提交债权人会议讨论。管理人应当按照债权人会议通过的或者人民法院依法裁定的破产财产变价方案，适时变价出售破产财产。除债权人会议另有决议外，破产财产的变价出售应当通过拍卖进行。破产企业可以全部或者部分变价出售。企业变价出售时，可以将其中的无形资产和其他财产单独变价出售。按照国家规定不能拍卖或者限制转让的财产，应当按照国家规定的方式处理。

（二）分配

分配，是指将破产财产按各债权人应受偿顺序和应受偿比例进行公平清偿的过程。

1. 分配方案的制定

管理人应当及时拟订破产财产分配方案，提交债权人会议讨论。

破产财产分配方案应当载明下列事项：

（1）参加破产财产分配的债权人名称或者姓名、住所；

（2）参加破产财产分配的债权额；

（3）可供分配的破产财产数额；

（4）破产财产分配的顺序、比例及数额；

（5）实施破产财产分配的方法。

债权人会议通过破产财产分配方案后，由管理人将该方案提请人民法院裁定认可后方为有效。

2. 分配方案的顺序

破产财产应当优先清偿破产费用和共益债务，之后依照下列顺序清偿：

（1）破产人所欠职工的工资和医疗、伤残补助、抚恤费用，所欠的应当划入职工个人账户的基本养老保险、基本医疗保险费用，以及法律、行政法规规定应当支付给职工的补偿金；

（2）破产人欠缴的除前项规定以外的社会保险费用和破产人所欠

税款；

（3）普通破产债权。破产财产不足以清偿同一顺序的清偿要求的，按照比例分配。破产企业的董事、监事和高级管理人员的工资按照该企业职工的平均工资计算。

3. 分配方案的执行

破产财产分配方案经人民法院裁定认可后，由管理人执行。除债权人会议另有规定外，破产财产的分配应当以货币分配方式进行。

破产分配方案的执行可以根据不同的标准进行划分。根据分配的次数，可以分为一次分配和多次分配；根据分配的阶段，可以分为中间分配、最后分配和追加分配；根据分配的方式，可以分为直接分配和提存分配。

管理人按照破产分配方案实施多次分配时，除最后分配导致破产程序终结外，其余诸次分配称为中间分配，在每次分配时应当公告本次分配的财产额和债权额。管理人在实施最后分配时，应当在公告中指明，并记载对提存分配的处理。即使最后分配完成导致破产程序终结，但重新发现可供分配的破产财产，债权人可以请求人民法院按照破产财产方案进行分配，此为追加分配。破产法规定，追加分配的时效为自破产程序终结之日起 2 年内。如果财产数量不足以支付分配费用的，不再追加分配，由人民法院直接上缴国库。

对于附生效条件或者解除条件的债权，管理人应当将其分配额提存。管理人提存的分配额，在最后分配公告日，生效条件未成就或者解除条件成就的，应当分配给其他债权人；在最后分配公告日，生效条件成就或者解除条件未成就的，应当交付给债权人。对于诉讼或者仲裁未决的债权，管理人应当将其分配额提存。自破产程序终结之日起满 2 年仍不能受领分配的，人民法院应当将提存的分配额分配给其他债权人。此外，债权人未受领的破产财产分配额，管理人应当提存。债权人自最后分配公告之日起满 2 个月仍不领取的，视为放弃受领分配的权利，管理人或者人民法院应当将提存的分配额分配给其他债权人。

三、破产程序的终结

破产程序终结，又称破产程序终止，是指基于法定事由的出现，由人民法院裁定结束破产程序。

(一) 破产程序终结的原因

破产法将破产程序终结的原因规定为:(1)破产人无财产可供分配;(2)最后分配完结;(3)债务人与全体债权人就债权债务的处理自行达成协议的,经人民法院裁定认可后,终结破产程序。

人民法院应当自收到管理人终结破产程序的请求之日起15日内作出是否终结破产程序的裁定。裁定终结的,应当予以公告。

(二) 破产程序终结的法律后果

1. 破产债务人丧失主体资格

管理人应当自破产程序终结之日起10日内,持人民法院终结破产程序的裁定,向破产人的原登记机关办理注销登记。

2. 管理人终止执行职务

除存在诉讼或仲裁未决情况外,管理人于办理注销登记完毕的次日终止执行职务。

3. 债权人的剩余债权不能向债务人主张

破产人的保证人和其他连带债务人,在破产程序终结后,对债权人依照破产清算程序未受清偿的债权,依法继续承担清偿责任。

4. 破产程序终结后的追加分配

因债务人财产不足以清偿破产费用或者债务人无财产可供分配而裁定破产程序终结的,自破产程序终结之日起,发现债务人有依法应当追回的财产或者有其他财产可供分配的,债权人可以请求人民法院按照破产财产分配方案进行追加分配。但此时若债务人的财产数量不足以支付分配费用的,不再进行追加分配,由人民法院将其上交国库。

【法条指引】

中华人民共和国企业破产法(节录)

第一百零七条 人民法院依照本法规定宣告债务人破产的,应当自裁定作出之日起五日内送达债务人和管理人,自裁定作出之日起十日内通知已知债权人,并予以公告。

债务人被宣告破产后,债务人称为破产人,债务人财产称为破产财产,人民法院受理破产申请时对债务人享有的债权称为破产债权。

第一百零八条 破产宣告前，有下列情形之一的，人民法院应当裁定终结破产程序，并予以公告：

（一）第三人为债务人提供足额担保或者为债务人清偿全部到期债务的；

（二）债务人已清偿全部到期债务的。

第一百一十一条 管理人应当及时拟订破产财产变价方案，提交债权人会议讨论。

管理人应当按照债权人会议通过的或者人民法院依照本法第六十五条第一款规定裁定的破产财产变价方案，适时变价出售破产财产。

第一百一十三条 破产财产在优先清偿破产费用和共益债务后，依照下列顺序清偿：

（一）破产人所欠职工的工资和医疗、伤残补助、抚恤费用，所欠的应当划入职工个人账户的基本养老保险、基本医疗保险费用，以及法律、行政法规规定应当支付给职工的补偿金；

（二）破产人欠缴的除前项规定以外的社会保险费用和破产人所欠税款；

（三）普通破产债权。

破产财产不足以清偿同一顺序的清偿要求的，按照比例分配。

破产企业的董事、监事和高级管理人员的工资按照该企业职工的平均工资计算。

第一百二十条 破产人无财产可供分配的，管理人应当请求人民法院裁定终结破产程序。

管理人在最后分配完结后，应当及时向人民法院提交破产财产分配报告，并提请人民法院裁定终结破产程序。

人民法院应当自收到管理人终结破产程序的请求之日起十五日内作出是否终结破产程序的裁定。裁定终结的，应当予以公告。

第七节 破产法律责任制度

【规则要点】

破产是处理债务关系的一种非常程序，现代破产法拯救债务人的立法理念在某种意义上加重了债权人分担债务人经营风险的负担。为了确保债权人利益不被不合理的害及，破产法设置了严格的法律责任制度，以有效地维护破产法律秩序，遏制破产违法行为。

【理解与适用】

破产法律责任，是指因造成企业破产或违反破产法的规定所应承担的法律责任，包括造成企业破产的责任和从事破产违法行为的责任。前者主要指企业董事、监事或者高级管理人员违反忠实义务、勤勉义务，致使所在企业破产依法应当承担的法律责任；后者则指违反破产法的规定从事有害于债权人利益的不诚实行为或妨害破产程序进行的不法行为等应承担的法律责任。根据破产法规定，破产责任的承担形式可分为民事责任、司法责任和刑事责任。

一、破产民事责任

破产民事责任，是指实施破产违法行为的人在民法上应当承担的不利法律后果。

在下列情形下，行为人应当承担民事责任：

1. 造成企业破产的行为

企业董事、监事或者高级管理人员违反忠实义务、勤勉义务，致使所在企业破产的，依法承担民事责任，并在破产程序终结之日起 3 年内不得担任任何企业的董事、监事、高级管理人员。

2. 债务人的不诚实行为损害债权人利益

所谓债务人的不诚实行为主要指债务人的欺诈破产行为、偏颇破产行为和浪费破产行为，此时债务人的法定代表人和其他直接责任人员依法承担赔偿责任。

3. 管理人员的渎职行为

管理人员未依照破产法规定勤勉尽职、忠实执行职务，给债权人、债务人或者第三人造成损失的，依法承担赔偿责任。

二、破产司法责任

司法责任又称司法强制措施，是指人民法院对妨害司法破产程序的行为人所适用的强制措施。民事诉讼法规定，妨害民事诉讼的强制措施包括拘传、训诫、责令退出法庭、罚款和拘留等方式。破产程序不仅关乎人民法院的司法效率，也关系到债权人利益的实现。司法责任的设定对程序的顺利进行大有裨益。

破产法对妨碍破产程序的行为规定了破产司法责任：

1. 违反列席义务的责任

具体是指有义务列席债权人会议的债务人的有关人员，经人民法院传唤，无正当理由拒不列席债权人会议的，人民法院可以拘传，并依法处以罚款。债务人的有关人员违反本法规定，拒不陈述、回答，或者作虚假陈述、回答的，人民法院可以依法处以罚款。

2. 违反说明义务的责任

债务人、管理人等违反法律规定的说明义务的，应当承担相应的法律责任。

3. 违反提交义务的责任

债务人违反规定，拒不向人民法院提交或者提交不真实的财产状况说明、债务清册、债权清册、有关财务会计报告以及职工工资的支付情况和社会保险费用的缴纳情况的，人民法院可以对直接责任人员依法处以罚款。

4. 违反移交义务的责任

债务人违反规定，拒不向管理人移交财产、印章和账簿、文书等资料的，或者伪造、销毁有关财产证据材料而使财产状况不明的，人民法院可以对直接责任人员依法处以罚款。

5. 违反行动限制义务的责任

债务人的有关人员违反规定，擅自离开住所地的，人民法院可以予以训诫、拘留，可以依法并处罚款。

6. 管理人员违反忠实、勤勉义务的责任

管理人未依照规定勤勉尽责，忠实执行职务的，人民法院可以依法处以罚款；给债权人、债务人或者第三人造成损失的，依法承担赔偿责任。

三、破产刑事责任

破产刑事责任，是对破产犯罪行为进行的刑事处罚。破产犯罪，是指在破产程序开始前一定期间内或者破产程序开始后实施的，妨碍破产程序公正、顺利进行的、情节严重而应受到刑罚处罚的行为。

破产法第131条对破产犯罪的刑事责任进行了高度概括，违反本法规定，构成犯罪的，依法追究刑事责任。刑事责任承担的具体法律依据为《中华人民共和国刑法》第162条的妨害清算罪和虚假破产罪，公司、企业进行清算时，隐匿财产，对资产负债表或者财产清单作虚伪记载或者在未清偿债务前分配公司、企业财产，严重损害债权人或者其他人利益的，对其直接负责的主管人员和其他直接责任人员，处5年以下有期徒刑或者拘役，并处或者单处2万元以上20万元以下罚金。

【法条指引】

中华人民共和国企业破产法（节录）

第一百二十五条 企业董事、监事或者高级管理人员违反忠实义务、勤勉义务，致使所在企业破产的，依法承担民事责任。

有前款规定情形的人员，自破产程序终结之日起三年内不得担任任何企业的董事、监事、高级管理人员。

第一百二十六条 有义务列席债权人会议的债务人的有关人员，经人民法院传唤，无正当理由拒不列席债权人会议的，人民法院可以拘传，并依法处以罚款。债务人的有关人员违反本法规定，拒不陈述、回答，或者作虚假陈述、回答的，人民法院可以依法处以罚款。

第一百二十七条 债务人违反本法规定，拒不向人民法院提交或者提交不真实的财产状况说明、债务清册、债权清册、有关财务会计报告以及职工工资的支付情况和社会保险费用的缴纳情况的，人民法院可以对直接责任人员依法处以罚款。

债务人违反本法规定，拒不向管理人移交财产、印章和账簿、文书等资料的，或者伪造、销毁有关财产证据材料而使财产状况不明的，人民法院可以对直接责任人员依法处以罚款。

第一百二十八条 债务人有本法第三十一条、第三十二条、第三十三条规定的行为，损害债权人利益的，债务人的法定代表人和其他直接责任人员依法承担赔偿责任。

第一百二十九条 债务人的有关人员违反本法规定，擅自离开住所地的，人民法院可以予以训诫、拘留，可以依法并处罚款。

第一百三十条 管理人未依照本法规定勤勉尽责，忠实执行职务的，人民法院可以依法处以罚款；给债权人、债务人或者第三人造成损失的，依法承担赔偿责任。

第一百三十一条 违反本法规定，构成犯罪的，依法追究刑事责任。

第六章

票据法

第一节　票据法制度概述

【规则要点】

票据结算是以汇票、本票和支票为权利凭证，通过出票、背书、承兑、保证及付款等票据行为行使票据权利来实现支付清算。票据法律关系主要受票据法规范。

【理解与适用】

一、票据的概念

票据的概念有狭义和广义之分。广义的票据泛指商业活动中涉及的各种有价证券和凭证，狭义的票据则专指票据法所规定的汇票、本票和支票，是由出票人依票据法签发的、约定本人或委托他人在见票时或者在指定的到期日无条件支付确定的金额给收款人或持票人的一种有价证券。本书所称票据为狭义的票据。

二、票据的分类

（一）立法上的分类

不同国家或地区的票据法对票据种类划分各有不同。《美国统一商法典》规定商业票据有四种，即本票、汇票、支票和存款单。德国、法国等国家规定票据有两种，即本票和汇票，而支票不由票据法规定，另行制定支票法加以规定。英国规定的票据包括本票和汇票两种，支票则作为一种特殊的形式而存在。中国票据法第 2 条规定，票据包括汇票、本票和支票 3 种。

（二）学理上的分类

1. 委付票据与自付票据

这是依据付款人是否为出票人本人而作的分类。委付票据是出票人不承担付款责任，而委托其他人付款的票据，如汇票和支票；自付票据是出票人承诺自己到期承担付款责任的票据，如本票。

2. 支付票据和信用票据

这是依据票据的经济功能而作的分类。支付票据，是指票据功能仅限于见票即付，且只能由银行或其他金融机构充当付款人的票据，如支票、银行汇票；信用票据，是指票据在指定的到期日方支付的票据，在到期日到来前，票据的流通有赖于出票人的信用，如本票、商业汇票。

3. 记名票据、指示票据和无记名票据

这是依据票据的转让方式而作的分类。记名票据只能由票据上记明的特定人行使票据权利，票据只能以背书转让，如果出票人在签发票据时记载“禁止转让”则该票据丧失流通性；指示票据则是在票据上记载“特定人或其转让的人”为权利人，票据以背书方式转让，而且出票人、背书人不得有“禁止转让”之记载；无记名票据是票据上不记载权利人的名字，只要持有票据就可以享有和行使票据权利，以单纯交付的方式转让。

三、票据的功能

商品经济的产生和发展导致票据制度的出现和完善，而票据制度的建立健全又促进了商品经济的繁荣和发展。之所以会产生相辅相成的效果，很大程度上取决于票据所具有的社会经济功能。

（一）支付功能

票据最原始、最简单的功能是作为支付手段，代替现金使用。票据代替现金用作支付，便利携带和存放，可以避免携带大量现金的不安全性、清点现钞的麻烦和可能产生的错误，从而使债务得到更便捷的履行。

（二）汇兑功能

汇兑即票据的异地支付，在汇票上体现得最为明显：一方当事人将款项交存银行，由银行作为出票人将签发的汇票寄往异地或交持票人持往异地，持票人向异地银行兑取现金或办理转账结算，实现运送等值货币的目的。现代社会，不同地区、不同国家之间贸易往来频繁，票据的汇兑功能为身处异地的商事交易双方提供资金输送上的便利，方便安全。对于国际贸易而言，即使在数字化时代出现了“电汇”“电子货币”等新的送款方式，依旧无法改变汇票汇兑功能在国际贸易中的重要地位。

（三）结算功能

票据作为支付手段，在互有债权债务关系的当事人之间可通过对开票据实现债权债务的抵销。复杂的现金结算可以通过票据交换制度来完成，票据因此被形象地称作“商人的货币”。

（四）流通功能

背书制度的建立，使票据在到期前可以不受限制地多次转让。由于每一背书人都要对其后手承担支付票据金额的保证责任，因此，票据背书次数越多，对票据承担付款担保责任的人也就越多，票据的信用程度也就越高，这就使票据的流通性与货币的流通性几乎一样。而现代各国票据法的核心内容也是通过各项制度的设定来保障票据能够安全地流通。

（五）信用功能

这一功能主要表现在非即期付款的汇票和本票上，指商事交易的一方当事人基于对交易对方信用的信赖而接受将来付款的票据。在票据到期之前，票据的持票人也可以利用出票人和承兑人的信用转让票据，用以支付商事交易中的票据金额；还可以向银行办理票据贴现业务，使票据成为信用工具，具有流通性，使对票据签发人和票据承兑人信用的信赖，不仅仅发生在直接交易的当事人之间，而且扩大至连锁的被背书人。

（六）融资功能

票据的最新功能就是可以进行融资，即利用票据筹集、融通或调度资金。票据的融资功能主要通过票据贴现业务来实现。票据贴现就是未到期票据（远期票据）的买卖，使持有未到期票据的人通过卖出票据以获得现金。各国一般由商业银行经营票据贴现业务，由中央银行经营票据再贴现业务。银行经营票据贴现业务，其实质是向持有未到期票据而又急需要使用现金的人提供资金，这就使票据不再单纯是一种支付手段，而成为一种融资工具了。

票据的经济功能使其在商品社会中具有重要地位。但是，票据不是法定货币，存在被任意或恶意签发、伪造等滥用的可能，从而干扰正常的社会经济秩序。因此，各国普遍对票据进行立法，加强对票据行为的规范和管理。

四、票据法的概念与特征

（一）票据法的概念

票据法有广义和狭义之分。狭义的票据法仅指调整票据关系的法律规范，表现为有关票据的专门立法，具体规定票据的出票、背书、承兑、保证等票据行为以及票据权利义务等票据法律制度；广义的票据法则指调整票据关系以及与票据有关的其他社会关系的法律规范的总称。除了包括狭义的票据法外，还包括民法、刑法、破产法等法律中有关票据的规定。本书一般所称票据法为狭义的票据法。

（二）票据法的特征

基于票据功能性的要求，为了确保票据流通的快捷和票据权利人的安全，票据法建立了一套有别于民法（尤其是债法）的特别制度，使票据法在具备一般商法规范所共有特征的同时，还具有其独特性。

票据法的独特性具体表现在：

1. 强行性

法律规范有强行性规范和任意法性规范之分。票据法中的规范几乎都是强行性的。使用票据的当事人，如果不按票据法的规定实施票据行为，其结果不仅不能达到预期的法律效果，还可能受到法律的制裁。需要注意的是，票据法的强行性并不意味着票据当事人在实施票据行为时毫无选择的余地。票据法规定了票据当事人任意决定的事项，如出票人可以记载禁止背书，背书人也可以记载禁止背书等。然而，在当事人自由选择实施某一票据行为时，仍应严格执行票据法规定的强行性规定，才会产生法律效力。

2. 技术性

法律规范有伦理性规范和技术性规范之分，票据法中的规范多为技术性规范，是票据签发、转让、付款等方面的操作规程，由商品生产和商品交换的自然法则决定，主要是为了方便当事人使用票据，以及保障交易安全，并无善恶之分。

3. 国际性

法律规范有国内法规范和国际法规范之分。票据法为国内法，由各国家制定；同时，票据法具有较强的国际同一性。票据制度起源于欧洲中世纪的海上贸易习惯，通用于地中海沿岸的各城邦国家之间，具有国际性；而后来各国商事立法（包括票据法）的制定，也是欧洲各国相互借鉴、互相参照的结果，进而形成法国法系、德国法系和英美法系的票据法；近现代票据法的统一化运动，统一了欧洲大陆各国的票据法，形成日内瓦公约下的统一票据法系。目前，不仅在加入日内瓦公约的国家之间，就是未加入公约的国家，也力求本国票据法律制度与国际通行的票据规则尽可能一致，以适应促进国家间的经济协作和往来的需要；此外，各国票据法还都以较大篇幅规范涉外票据关系，以方便国际商事交易活动。票据法就在第5章中对涉外票据的法律适用作出规定。

4. 公法性

票据法以票据关系为调整对象，是传统商法的重要组成部分，属于私法的范畴；但是基于维护社会公共秩序、促进票据流通、保障票据交易安全和实现票据权利的需要，票据法规范具有浓厚的公法性质。票据种类的法定主义，票据行为的严格要式主义，尤其是票据违法行为的制裁等，构成了票据法律责任的重要特色，无不显示出票据法与一般私法的区别。

【法条指引】

中华人民共和国票据法（节录）

第一条 为了规范票据行为，保障票据活动中当事人的合法权益，维护社会经济秩序，促进社会主义市场经济的发展，制定本法。

第二条 在中华人民共和国境内的票据活动，适用本法。

本法所称票据，是指汇票、本票和支票。

第二节 票据的基本制度

【规则要点】

票据的基本制度包括票据法律关系、票据上的非票据关系、票据关系的主体等内容。

【理解与适用】

一、票据上的法律关系

票据上的法律关系，是指围绕着票据而在票据当事人之间、票据当事人与其他当事人之间产生的各种权利义务关系的统称。票据关系是票据法律关系的简称，是指依票据法的规定，基于一定的票据行为而在票据当事人之间形成的，以票据金额给付为标的的权利义务关系。

票据关系以票据权利和票据义务为内容，票据关系的主体是票据当事人，票据关系的客体即票据权利义务共同指向的对象——票据上记载的金额。作为一种特殊的商事法律关系，票据关系具有以下特点：

1. 票据关系基于票据行为产生

票据行为是以负担票据债务为目的而实施的法律行为，包括出票、背书、保证、承兑等，只有票据行为才能形成票据关系。

2. 票据关系具有复杂性

与一般的民事关系比较而言，票据关系的复杂性表现为：（1）票据权利的内容具有双重性，包括付款请求权和追索权两次权利；（2）票据权利的主体具有变化性，随着票据的背书转让行为，票据权利人从收款人变为被背书人，以至到最终的持票人；（3）票据义务主体具有多元性，一切在票据上签章的人都是票据债务人，就票据债务承担连带责任；（4）票据关系的主体具有相对性，在不同的票据关系中权利人与义务人的地位是相对的，对其前手而言是债权人，而对其后手而言则是债务人。

3. 票据关系具有独立性

同一票据上可能存在多个不同的票据关系，其所形成的票据权利义务关系独立地存在于同一票据之上，彼此互不影响。

4. 票据关系具有单向性

票据关系是一种单向的债权债务关系，持票人享有单向的付款请求权利，不存在票据义务；承兑人、保证人、背书人等债务人负有单向的付款义务，不存在可享受的票据权利。

二、票据关系的主体

票据关系的主体可以从不同的角度进行不同的分类。

（一）票据当事人和票据关系人

票据当事人，是指参加票据法律关系，享有票据权利、承担票据义务的人，包括基本当事人和非基本当事人。票据关系人是一个比较复杂的概念，一般指在票据上明确记载其姓名或名称，但不享有票据权利也不承担票据义务的人。主要包括：（1）汇票、支票上记载的付款人；（2）经委托收款背书而取得票据的“委托收款人”；（3）票据代理行为中的有权代理人。

（二）基本当事人和非基本当事人

基本当事人，是指票据一经签发就存在的当事人，包括出票人和收款人。出票人，是指在票据上签名并发出票据的人；收款人，是指从出票人那里收受票据并有权向付款人请求付款的人。基本当事人是票据法律关系成立的必要主体，没有基本当事人的票据是无效的。非基本当事人，是指在票据签发后通过出票以外的其他票据行为而加入票据关系的当事人，如背书人、被背书人、保证人和承兑人等主体。

（三）票据债权人和票据债务人

票据债权人，是指实际持有票据并享有票据权利的人，也称权利主体、持票人。最初的持票人为票据上记载的收款人，如果收款人不转让票据，则收款人为票据债权人；如果收款人转让票据给他人，则受让票据并享有票据权利的人为票据债权人；此外，因付款而取得票据并可以行使追索权的人也是票据债权人。

票据债务人，是指因实施一定的票据行为而在票据上签名或盖章的人，也称票据义务主体，包括第一债务人和第二债务人。第一债务人即主债务人，是负有向持票人承担直接付款义务的人，包括出票人和承兑人；第二债务人也称次债务人，是持票人向第一债务人请求付款或承兑遭到拒绝后，因被追索而承担付款责任的人，包括背书人、保证人、出票人等。

（四）前手与后手

所有票据当事人均处于票据债权债务关系之中。票据出票后到期以前，可以经过背书多次转让，故依背书人签章的先后顺序将票据当事人分为前手和后手——签章在先的为前手，签章在后的为后手。在整个票据关系中，出票人为前手之顶，最后持票人为后手之端。区分前后手的意义在于：在票据债权债务关系的链条中，所有前手都是后手的债务人，所有后手都是前手的债权人。因此，在行使追索权时，后手有权利向前手追索，而前手则无权向后手追索；此外，前后手还有直接前后手与非直接前后手之分，直接授受票据的当事人为直接前后手。票据法第32条第1款规定："以背书转让的汇票，后手应当对其直接前手的背书的真实性负责。"

三、票据法上的非票据关系

票据法上的非票据关系，是指在票据法中规定的，并非由票据行为产生，但与票据行为和票据有一定关系的权利义务关系。虽然票据法上的非票据关系也依票据法的规定而产生，并依赖于票据关系而存在。但是，它不以实现票据权利为内容，其目的在于促进票据的流通和票据权利的实现。

票据法上的非票据关系主要包括以下三类：

（一）票据返还关系

票据返还关系，是指票据上的正当权利人要求取得票据而行使票据返还请求权而发生的权利义务关系。具体包括：

（1）依据票据法第12条规定，正当持票人对以欺诈、偷盗或者胁迫等手段，或出于恶意、重大过失而非法取得票据但不享有票据权利的人，要求返还票据而产生的关系。

（2）依据票据法第41条规定，持票人对于交付款人提示承兑的汇票，凭回单要求返还票据而产生的关系。

（3）依据票据法第55条规定，付款人付款后，要求持票人在票据上签名并缴还票据而产生的关系。

（4）依据票据法第70条、第71条规定，已经履行票据义务的出票人、背书人、保证人为行使再追索权而要求持票人交出票据而产生的关系。

（二）利益返还关系

利益返还关系，是指持票人因票据时效期满或保全手续欠缺而丧失票据权利的，仍对出票人或承兑人享有和行使利益返还请求权而产生的权利义务关系。票据法第18条规定，持票人因超过票据权利时效或者因票据记载事项欠缺而丧失票据权利的，仍享有民事权利，可以请求出票人或者承兑人返还其与未支付的票据金额相当的利益。

（三）损害赔偿关系

损害赔偿关系，是指票据当事人因不履行票据法规定的义务而造成其他当事人的损失而产生的权利义务关系。具体包括：（1）依据票据法第66条规定，未尽通知或者再通知义务的持票人对于签收背书人或出票人的损害赔偿关系；（2）依据票据法第62条规定，付款人或承兑人拒绝出具证明或退票理由书所应承担的损害赔偿关系。

【法条指引】

中华人民共和国票据法（节录）

第四条 票据出票人制作票据，应当按照法定条件在票据上签章，并按照所记载的事项承担票据责任。

持票人行使票据权利，应当按照法定程序在票据上签章，并出示票据。

其他票据债务人在票据上签章的，按照票据所记载的事项承担票据责任。

本法所称票据权利，是指持票人向票据债务人请求支付票据金额的权利，包括付款请求权和追索权。

本法所称票据责任，是指票据债务人向持票人支付票据金额的义务。

第十二条 以欺诈、偷盗或者胁迫等手段取得票据的，或者明知有前列情形，出于恶意取得票据的，不得享有票据权利。

持票人因重大过失取得不符合本法规定的票据的，也不得享有票据权利。

第三节 票据行为

【规则要点】

票据行为，是指以成立票据关系为目的，依照票据法规定实施的，能够产生票据义务的要式法律行为。

【理解与适用】

一、票据行为的概念和特点

作为一种特殊的民事法律行为，票据行为具有以下特征：

（一）票据行为的要式性

票据是一种要式证券，其产生缘于票据行为的要式性。各国票据法都规定，票据行为必须符合法定的形式，当事人不得自行决定或予以变更。

1. 签章

无论何种票据行为，必须以行为人在票据上签名或盖章作为票据行为发生法律效力的前提。

2. 书面

票据行为必须以书面形式在票据上作出，口头方式或非在票据上记载不发生票据的效力。

3. 款式

票据的记载内容、书写格式以及记载位置必须依法作出，否则不发生票据法上的效力。例如，背书须记载于票据的背面，而出票或承兑则应记载于票据的正面。

（二）票据行为的无因性

票据行为只要符合法定要式的条件即可生效，不受基础关系的影响，这就是票据行为的无因性或抽象性。具体表现为：

1. 票据行为独立发生效力，不受原因关系的无效或撤销的影响；
2. 持票人行使票据权利无须证明取得票据的原因；
3. 票据债务人不能以原关系对抗非直接当事人的持票人。

票据行为无因性构成了票据理论的核心和基础，票据因此被称为“无因证券”。

（三）票据行为的文义性

票据行为按照法律规定的要式作出后，票据上的文字记载就成为票据权利行使和义务承担的唯一根据。任何人不得以票据记载以外的证明方法对票据义务进行变更或对非直接当事人进行抗辩；任何人也不得主张票据记载以外的权利。票据因此被称为“文义证券”。

(四) 票据行为的独立性

票据行为的独立性是票据行为无因性的延伸。具体表现为:

1. 无行为能力人或限制行为能力人在票据上的签名无效,但不影响其他签章的效力;

2. 票据上有伪造、变造的签章的,不影响其他真实签章的效力;

3. 票据上被保证人的债务即使无效,保证人对票据的保证行为仍然有效;

4. 无权代理人在票据上签名的,自负票据责任;越权代理的代理人在票据上签章的,在其代理权限之外对票据负责任。

(五) 票据行为的连带性

就票据行为的法律效力而言,票据行为具有独立性;而就票据行为的责任承担而言,票据行为则具有连带性。票据法第 68 条第 1 款和第 2 款规定,"汇票的出票人、背书人、承兑人和保证人对持票人承担连带责任。持票人可以不按照汇票债务人的先后顺序,对其中任何一人、数人或全体行使追索权"。这表明:票据行为人不但须承担自己的票据义务,也连带地承担所有票据义务人的义务。一旦票据权利人行使追索权,所有在票据上签章的票据债务人,都不分先后、主次地承担法定的连带责任,以确保票据权利人的权利得到实现。

二、票据行为的有效要件

票据行为作为一种民事法律行为,必须具备一般民事法律行为有效成立的条件,才能产生法律约束力,此为票据行为的实质要件,由民法规定;同时,票据行为作为一种要式法律行为,还必须符合票据法关于票据行为要式的特别规定,此为票据行为的形式要件。

(一) 票据行为的实质要件

一般民事法律行为的生效条件是当事人具有权利能力和行为能力、意思表示真实、不违反法律和社会公共利益等,票据行为亦如此。但是,票据行为的无因性、独立性和要式性,使得对票据行为有效性的判断,必须将实质要件与形式要件结合起来,视具体情况而确定。

1. 票据权利能力和票据行为能力

关于票据权利能力和票据行为能力,票据法中并未专门规定,所以适用民法上的一般规定。就自然人而言，如果行为人不具有行为能力，则该票据行为无效，票据行为人可以此对抗所有请求票据权利的持票人。票据法第 6 条明确规定，无民事行为能力或限制民事行为能力人在票据上签章的，其签章无效，但是依据票据行为的独立性，不影响其他签章的效力。就法人而言，法人的行为能力与权利能力范围一致，受法人性质及经营范围的限制，但是，法人的性质及经营范围不被一般人知晓，也不在票据上记载，因此，依票据行为的无因性，法人权利能力一般不影响票据的效力。此外，法人的票据行为是由其法定代表人或代理人实现，如果法定代表人或代理人超越授权或滥用权利实施票据行为，依据票据行为的文义性，只要法人的签章真实，则票据行为有效，该法人应承担票据责任，除非该法人能够证明持票人明知越权的事实而恶意取得。

2. 票据意思表示

票据行为人实施票据行为的意思表示不真实，一般须证明存在行为人受欺诈、胁迫或乘人之危的事实。

结合票据的无因性原则，综合考虑票据行为的效力：

第一，如果意思表示不真实发生在票据基础关系中，则不影响票据行为的效力；如果发生在票据关系中，则可能导致票据行为无效。但是，如果票据形式要件合法，则票据行为无效的抗辩只能限于授受票据的直接当事人之间，不得对善意的第三人主张。

第二，如果票据上所显示的票据行为人根本没有作出过任何意思表示，即该行为人的签名系被伪造，或被他人无权代理或越权代理而为的签名，则该签名对于被伪造者或被代理的本人而言不发生票据法上的效力，被伪造者或被代理的本人不对任何持票人承担票据上的责任。

3. 行为合法性

票据行为的内容或者目的不合法，存在违反法律或社会公共利益的情形，可导致票据行为无效；但是，如果违反法律和社会公共利益的情形发生在票据原因关系中，依据票据行为的无因性，不能构成否定票据行为的有效性的理由，只能由直接当事人进行抗辩。可见，民法中关于合法性的规定对票据行为并不适用。

（二）票据行为的形式要件

票据行为的要式性特征决定，票据行为必须具备法定条件才能产生法律约束力。如果不具备法定的形式要件，则该票据行为当然无效；如果该票据行为是出票行为，还将导致票据无效，即自始不产生票据权利和义务。票据行为的形式要件一般包括：

1. 书面形式

票据行为，必须依法由行为人以法定格式记载于格式票据上才能产生票据权利。票据法第 108 条规定，汇票、支票、本票的格式应当统一。票据凭证的格式和印刷管理办法，由中国人民银行规定。

2. 记载事项

票据上的记载事项包括应记载事项、可记载事项和无效记载事项。应记载事项也称为法定记载事项，是依照票据法规定必须记载的事项，包括绝对必要记载事项和相对必要记载事项。绝对必要记载事项欠缺将导致票据无效，如票据法第 22 条关于汇票必须记载事项的规定；而相对必要记载事项如果欠缺，法律则有补充规定，不会导致票据无效，如票据法第 23 条关于付款日期、付款地、出票地记载的规定。可记载事项也称为任意记载事项，是票据法不要求而由当事人选择是否记载，一旦记载则发生法律效力的事项。如票据法第 27 条关于“不得转让”的记载。《最高人民法院关于审理票据纠纷案件若干问题的规定》第 45 条规定，空白授权票据的持票人行使票据权利时未对票据必须记载事项补充完全，因付款人或者代理付款人拒绝接收该票据而提起诉讼的，人民法院不予支持。

3. 金额

票据是金钱债券证券，票据权利义务的核心就是一定数额金钱的支付，所以金额是票据的绝对必要记载事项。票据法第 8 条、第 9 条第 2 款明确规定，票据金额应当以中文大写和数码同时记载，二者必须一致，二者不一致，票据无效。票据金额不得更改，更改的票据无效。《最高人民法院关于审理票据纠纷案件若干问题的规定》第 43 条进一步规定，票据金额的中文大写与数码不一致，或者票据载明的金额、出票日期或者签发日期、收款人名称更改，或者违反规定加盖银行部门印章代替专用章，付款人或者代理付款人对此类票据付款的，应当承担责任。《最高人民法院关于审理票据纠纷案件若干问题的规定》第 44 条规定，因更改银行汇票的实际结算金额引起纠纷而提起诉讼，当事人请求认定汇票效力的，人民法院应当认定该银行汇票无效。

4. 签章

票据行为人必须在票据上签名盖章，这是判断实施票据行为的债务人以及其应当承担票据责任的重要依据。因此，所谓的票据行为，就是在票据上签名、盖章的行为。如果票据未经行为人签章，即使其他应记载事项齐备，票据权利尚未产生，行为人无须承担任何票据责任。票据法第 7 条规定了票据签章的规则：票据的签章为票据签名、盖章或者签名加盖章；在票据上的签名，应当为该当事人的本名；法人和其他使用票据的单位在票据上的签章，为该法人或单位的盖章加其法定代表人或者其授权的代理人的签章。

三、特殊票据行为的效力

（一）票据行为的代理

票据行为的代理，是指代理人基于本人的授权，载明为本人代理的意思而在票据上签名的行为。票据行为与其他法律行为一样，即可以由行为人亲自所为，也可以授权他人代为进行。

依据票据法第 5 条规定，票据代理与一般民事代理有不同的规则：

（1）票据代理仅为委托代理，没有指定代理和法定代理；

（2）代理人必须在票据上记载被代理人的名称；

（3）代理人必须在票据上表明代理关系；

（4）代理人必须在票据上签章；

（5）没有代理权而以代理人名义在票据上签章的，应由签章人承担票据责任；

（6）代理人超越代理权限的，对超越权限的部分承担票据责任。

（二）票据的更改

票据的更改，是指具有票据变更权的人，对已经签发的票据上的原记载事项，依法定款式而进行变更的行为。票据法第 9 条第 2 款、第 3 款规定：“票据金额、日期、收款人名称不得更改，更改的票据无效。对票据上的其他记载事项，原记载人可以更改，更改时应当由原记载人签章证明。”

（三）票据的伪造

票据的伪造，是指以行使票据权利为目的，假冒他人名义而实施票据行为。

票据伪造的法律后果：

（1）被伪造人不承担票据责任；

（2）伪造人也不承担票据责任。伪造行为不是票据行为，伪造人冒用他人名义签章，本人并未在票据上签章，不是票据债务人，故不承担票据责任；

（3）被伪造的票据并不当然无效。依据票据行为的独立性，票据上有伪造签章的，不影响票据上的真实签章的效力；

（4）票据伪造是一种违法侵权行为，依据行为的性质和所造成的后果，伪造人依法对被侵权人承担损害赔偿的民事责任、行政责任或刑事责任。

（四）票据的变造

票据的变造，是指无权更改票据内容的人，以行使票据权利为目的，对票据上签章以外的其他记载事项加以改变的行为。

票据变造的法律后果：

（1）在变造前签章的人，对原记载文义负责；

（2）在变造后签章的人，对变造后的记载文义负责；

（3）无法判明行为人签章在变造前还是变造后，按变造前票据文义负责；

（4）变造人除按照票据法规定承担责任外，还应当承担民事责任、行政责任或刑事责任。

【法条指引】

中华人民共和国票据法（节录）

第七条 票据上的签章，为签名、盖章或者签名加盖章。

法人和其他使用票据的单位在票据上的签章，为该法人或者该单位的盖章加其法定代表人或者其授权的代理人的签章。

在票据上的签名，应当为该当事人的本名。

第二十二条 汇票必须记载下列事项：

（一）表明“汇票”的字样；

（二）无条件支付的委托；

（三）确定的金额；

（四）付款人名称；

（五）收款人名称；

（六）出票日期；

（七）出票人签章。

汇票上未记载前款规定事项之一的，汇票无效。

第六十八条 汇票的出票人、背书人、承兑人和保证人对持票人承担连带责任。

持票人可以不按照汇票债务人的先后顺序，对其中任何一人、数人或者全体行使追索权。

持票人对汇票债务人中的一人或者数人已经进行追索的，对其他汇票债务人仍可以行使追索权。被追索人清偿债务后，与持票人享有同一权利。

第一百零八条第一款 汇票、本票、支票的格式应当统一。

第四节 票据权利

【规则要点】

票据权利，是指持票人向票据债务人请求支付票据金额的权利，包括付款请求权和追索权。

【理解与适用】

一、票据权利的概念

票据权利，是指持票人请求票据债务人支付票据金额的权利。票据权利与票据义务是不可分离的两个概念，它们是一个事物的两个方面，离开票据权利，谈不上票据义务，反之亦然。票据义务，也称票据责任，是指票据上的签章人（债务人）向持票人支付票据金额的义务。

票据权利的性质属于债权，具有如下特征：（1）票据权利是一种金钱债权；（2）票据权利与票据密不可分；（3）票据权利具有双重性；（4）票据权利的转让无须取得债务人同意。

二、票据权利的内容

票据法第4条第4款规定："本法所称票据权利，是指持票人向票据债务人请求支付票据金额的权利，包括付款请求权和追索权。"所谓付款请求权是持票人向票据上的主债务人或其他债务人请求按照票据上所载金额付款的权利，是票据上的第一次权利。追索权是持票人行使付款请求权遭到拒绝或因其他原因导致付款请求权无法实现时，由持票人向其前手行使的偿还请求权，是票据上的第二次权利。追索权可分为两种，即持票人向其前手行使的追索权和已履行偿还义务的持票人向自己前手行使的追索权。

三、票据权利的行使与保全

票据权利的行使，是指具体实现票据权利内容的行为。票据权利行使的基本方法是：持票人依法提示票据，并请求票据债务人支付票据金额。

票据权利的保全，是指票据权利人为了防止票据权利丧失所进行的维护票据权利的行为。

票据保全的方法为：

1. 持票人按期提示

即持票人在规定期限内应及时行使票据权利、及时提示承兑、及时提示付款。票据法不仅规定提示期限，还规定不按期提示的后果。票据法第40条第2款规定："汇票未按照规定期限提示承兑的，持票人丧失对其前手的追索权。"

2. 取得拒绝证书

即持票人被拒绝承兑或被拒绝付款时，应及时提请有关当事人或机关出具拒绝证书，否则将丧失对其前手的追索权。票据法第65条规定，持票人不能出示拒绝证明、退票理由书或者未按照规定期限提示其他合法证明的，丧失对其前手的追索权。

四、票据权利的保护

票据权利的保护，是指为了保障票据权利的正常行使而由票据法特别设定的保护方法。包括票据的抗辩制度和票据丧失后的补救制度。

（一）票据抗辩

票据抗辩，是指票据债务人对于票据权利人提出的请求，依法提出相应的事实或理由，拒绝履行其义务的行为。票据无因性、要式性等法律特征，极大地保障了票据权利人的权利实现，但也使票据债务人承担了较重的付款或担保付款义务。为防止票据权利人滥用权利，票据法建立了票据抗辩制度，赋予票据债务人一定的自我保护措施，使票据权利人与票据义务人的利益得到法律的平衡保护。

基于票据法和相关法律的规定，《最高人民法院关于审理票据纠纷案件若干问题的规定》对票据抗辩的法律适用作出了具体规定。《最高人民法院关于审理票据纠纷案件若干问题的规定》第15条规定，票据债务人依据票据法第12条、第14条规定，对持票人提出的下列抗辩，人民法院予以支持：

（1）与票据债务人有直接债权债务关系并且不履行约定义务的；

（2）以欺诈偷盗或者胁迫等非法手段取得票据，或者明知有前列情形，出于恶意取得票据的；

（3）明知债务人与出票人或者持票人前手之间存在抗辩事由而取得票据的；

（4）因重大过失取得票据的；

（5）其他依法不得享有票据权利的。

《最高人民法院关于审理票据纠纷案件若干问题的规定》第16条规定，票据债务人依据票据法第9条、第17条、第18条、第22条、第31条规定，对持票人提出的下列抗辩，人民法院予以支持：

（1）欠缺法定必要记载事项或者不符合法定格式的；

（2）超过票据权利时效的；

（3）人民法院作出除权判决已经发生法律效力的；

（4）以背书方式取得但背书不连续的；

（5）其他依法不得享有票据权利的。

（二）票据的丧失与补救

票据丧失，是指持票人并非出于自己的本意而丧失对票据的实际占有。对于票据丧失的救济，前提是票据丧失所符合的法定条件：丧失的票据为有效票据；丧失票据的主体须为合法持票人；票据丧失不是出于持票人本意。

各国立法票据丧失的补救措施主要有两种：其一，通过公示催告宣告票据无效，为大陆法系国家所采用；其二，通过诉讼以行使权利，为英美法系国家所采用。此外，中国还采取一种辅助性的手段——挂失止付。

1. 公示催告

公示催告，是指在票据等有价证券丧失后，失票人向法院提出申请，以公告的方式告知和催促利害关系人在规定的期间内申报权利，逾期不申报的，丧失票据权利的一种非诉讼程序。

公示催告是票据丧失的救济途径之一，失票人借助法院的公示催告而获得一种公权救济，其约束力远大于纯粹属于私权救济的挂失止付。票据法仅规定公示催告是救济措施，其具体内容规定在民事程序法中。

申请公示催告的条件是：

第一，有票据丧失的事实，即确已发生票据被盗、遗失或者灭失的事实；

第二，票据权利确实存在，即票据上的付款人对丧失的票据确实负有支付义务；

第三，不存在利害关系人之间的权利争执，即在提出公示催告申请的当时，无利害关系人就该票据主张权利；

第四，必须由失票人提出。

依民事诉讼法规定，可以提出公示催告申请的票据只限于可以背书转让的票据。无记名票据无须背书，仅以直接交付即产生转让票据的效果，因此，在理论上，无记名票据丧失，不能申请公示催告。据此：第一，票据法第 36 条规定，被拒绝承兑、被拒绝付款或者超过提示付款期的票据不得背书转让。上述三类票据丧失时，不能申请公示催告。第二，《支付结算办法》第 27 条第 1 款规定，填明“现金”字样的银行汇票、银行本票和用于支取现金的支票不得背书转让。上述票据丧失时亦不能申请公示催告。第三，票据法第 34 条规定，出票人在票据上记载“不得转让”字样的，票据不得背书转让，如果票据依背书方式转让，则该票据丧失，亦不能申请公示催告。第四，根据申请公示催告的条件及相关原理可以推知，已知遗失票据下落，票据权利已因实际支付、时效完成等原因消灭，或因票据形式不完备而未发生票据权利时，失票人均不能提出公示催告的申请。

公示催告具有如下效力：

第一，如果经过公示催告，现实持票人出现，公示催告程序即告结束。此时，失票人仅仅实现了对丧失票据的寻找，仍不能实现重新占有票据并恢复票据权利的目的；失票人需要再一次提起诉讼，就失票人与现实持票人之间票据权利归属问题，从法律上予以确认，才有可能恢复票据权利。

第二，如果经过公示催告，并无现实持票人出现并主张权利，对于失票人来说，其票据权利的恢复则简单许多，不需要另行提起诉讼，只需要在公示催告期满后一定期间内，请求法院作出除权判决，即可实现票据权利的恢复。除权判决作出之后，通常情况下，即使是善意取得人，也不能依据票据主张为合法的权利人。

2. 普通诉讼

普通诉讼，是指失票人丧失票据后，直接向票据债务人提起诉讼要求向其支付票据金额，从而使失票人的票据权利得以救济的一种法律制度。普通诉讼是英美国家规定的票据丧失的补救方法。中国也规定了普通诉讼制度，为失票人提供另一种救济途径。但是，普通诉讼制度与中国的法律传统存在较大差异，也缺乏具有操作性的配套规定，所以普通诉讼在中国尚缺乏实践。

《最高人民法院关于审理票据纠纷案件若干问题的规定》第 36 条—38 条规定了几种普通诉讼的情形：

第一，失票人因请求出票人补发票据或者请求债务人付款遭到拒绝而向人民法院提起诉讼的，被告为与失票人具有票据债权债务关系的出票人、拒绝付款的票据付款人或者承兑人。

第二，失票人为行使票据所有权，向非法持有票据人请求返还票据的，人民法院应当依法受理。

第三，失票人向人民法院起诉的，除向人民法院说明曾经持有票据及丧失票据的情形外，还应当提供担保。担保数额相当于票据载明的金额。

3. 挂失止付

挂失止付，是指票据权利人在发生票据丧失时，通知票据上的付款人，请求其暂时停止票据支付，以防止票据款项被他人冒领的一种补救措施。票据法考虑流通中的票据大多由银行担任付款人，挂失止付是中国多年实践中通行的救济方法，为失票人采取其他措施留出了必要的时间。因此，票据法第 15 条第 1 款、第 2 款规定："票据丧失，失票人可以及时通知票据的付款人挂失止付，但是，未记载付款人或者无法确定付款人及其代理人的票据除外。收到挂失止付通知的付款人，应当暂停支付。"此外，该条第 3 款要求失票人必须在通知挂失止付后 3 日内，向人民法院申请公示催告或提起诉讼。如果失票人没有在 3 日内申请公示催告，付款人或者代理付款人自收到挂失止付通知书之日起 12 日内没有收到人民法院的止付通知书的，自第 13 日起，挂失止付通知书失效。

【法条指引】

中华人民共和国票据法（节录）

第四条 票据出票人制作票据，应当按照法定条件在票据上签章，并按照所记载的事项承担票据责任。

持票人行使票据权利，应当按照法定程序在票据上签章，并出示票据。

其他票据债务人在票据上签章的，按照票据所记载的事项承担票据责任。

本法所称票据权利，是指持票人向票据债务人请求支付票据金额的权利，包括付款请求权和追索权。

本法所称票据责任，是指票据债务人向持票人支付票据金额的义务。

第十五条 票据丧失，失票人可以及时通知票据的付款人挂失止付，但是，未记载付款人或者无法确定付款人及其代理付款人的票据除外。

收到挂失止付通知的付款人，应当暂停支付。

失票人应当在通知挂失止付后三日内，也可以在票据丧失后，依法向人民法院申请公示催告，或者向人民法院提起诉讼。

第四十条 见票后定期付款的汇票，持票人应当自出票日起一个月内向付款人提示承兑。

汇票未按照规定期限提示承兑的，持票人丧失对其前手的追索权。

见票即付的汇票无需提示承兑。

第六十五条 持票人不能出示拒绝证明、退票理由书或者未按照规定期限提供其他合法证明的，丧失对其前手的追索权。但是，承兑人或者付款人仍应当对持票人承担责任。

第五节 票据时效与利益返还请求权

【规则要点】

票据时效，是指票据权利的消灭时效期间，即票据权利经过一定时间不行使而消灭，不再受法律保护。利益返还请求权，也称利益偿还请求权。行使票据利益返还请求权必须满足一定的条件。

【理解与适用】

一、票据时效

依据票据法第 17 条规定，票据权利在下列期限内不行使而消灭：

（1）持票人对票据的出票人和承兑人的权利，自票据到期日起 2 年，见票即付的汇票、本票，自出票日起 2 年；

（2）持票人对支票出票人的权利，自出票日起 6 个月；

（3）持票人对前手的追索权，自被拒绝承兑或者被拒绝付款之日起 6 个月；

（4）持票人对前手的再追索权，自清偿日或被提起诉讼之日起 3 个月。

票据的出票日、到期日由票据当事人依法确定。

《最高人民法院关于审理票据纠纷案件若干问题的规定》第 18 条规定，依据票据法第 17 条第 1 款第（三）、（四）项规定的持票人对前手的追索权，不包括对票据出票人的追索权。

二、利益返还请求权

（一）利益返还请求权的概念

利益返还请求权也称利益偿还请求权，是指当票据权利因票据时效届满或者保全手续欠缺而丧失时，持票人所享有的请求票据的出票人或者承兑人在其所受利益限度内予以返还的权利。

（二）利益偿还请求权的构成要件

1. 权利主体

行使利益偿还请求权的权利人，必须是曾经享有票据权利又丧失票据权利的人，而且这种丧失，是票据权利的绝对丧失。如果权利人不曾享有票据权利，就不可能享有利益返还请求权；如果权利人享有的票据权利没有丧失，则其行使票据权利即可，无须行使利益偿还请求权的必要；如果票据权利相对丧失，则可以通过其他途径实现票据权利。

2. 义务主体

利益请求权的义务人，必须是因票据权利的绝对丧失而受有利益的人，而且受有利益的范围是义务人返还责任的范围。没有受有利益，则不必承担返还义务。票据法规定的义务主体包括出票人和承兑人。

3. 发生依据

利益偿还请求权的发生依据有二：一是票据时效届满，导致持票人的票据权利消灭；二是票据保全手续欠缺，导致持票人的追索权丧失。如果因其他原因导致票据权利消灭，不能适用利益偿还请求权进行补救，如票据债务因免除而消灭，持票人因丧失对票据的占有而被他人善意取得等。

利益偿还请求权是对因时效届满或保全手续欠缺这两种原因而丧失票据权利的一种补救，这是各国票据法比较一致的规定。但是，票据法第18条还将票据记载事项欠缺规定为利益偿还请求权的发生依据。

【法条指引】

中华人民共和国票据法（节录）

第十七条 票据权利在下列期限内不行使而消灭：

（一）持票人对票据的出票人和承兑人的权利，自票据到期日起二年。见票即付的汇票、本票，自出票日起二年；

（二）持票人对支票出票人的权利，自出票日起六个月；

（三）持票人对前手的追索权，自被拒绝承兑或者被拒绝付款之日起六个月；

（四）持票人对前手的再追索权，自清偿日或者被提起诉讼之日起三个月。

票据的出票日、到期日由票据当事人依法确定。

第十八条 持票人因超过票据权利时效或者因票据记载事项欠缺而丧失票据权利的，仍享有民事权利，可以请求出票人或者承兑人返还其与未支付的票据金额相当的利益。

第六节 涉外票据的法律适用

【规则要点】

涉外票据，是指出票、背书、承兑、保证、付款等行为中具有涉外因素的票据。票据法第五章对涉外票据的法律适用作了具体规定。

【理解与适用】

在国际经济活动日益频繁的时代，票据在一国签发，在另一国承兑，在第三国背书，在第四国支付，是极为正常的经济现象。但是，各国票据法的具体规定各有不同，存在法律冲突，如果不能很好解决，势必影响票据在国际交往中的应用。因此，票据法第五章专门规定了涉外票据的法律适用。

票据法第 94 条第 2 款规定："前款所称涉外票据，是指出票、背书、承兑、保证、付款等行为中，既有发生在中华人民共和国境内又有发生在中华人民共和国境外的票据。"对于涉外票据，应适用票据法第五章的规定；如果票据法的规定与中国缔结或参加的国际条约的规定不符的，则应首先适用国际条约；但是，中华人民共和国声明保留的条款除外。如果票据法以及国际条约中对某一问题都未有规定但有国际惯例的，可以适用国际惯例。

一、票据行为能力的认定

票据行为人是否具有行为能力，对票据行为的效力具有关键性影响，而各国立法关于票据行为能力的规定不尽一致。票据法第 96 条规定，票据债务人的民事行为能力，适用其本国法律；依照其本国法律无民事行为能力或限制民事行为能力人，而依照行为地法律为完全行为能力人的，适用行为地法。

二、票据行为的款式

票据法第 97 条、第 98 条规定："汇票、本票出票时的记载事项，适用出票地法律。支票出票时的记载事项，适用出票地法律，经当事人协议，也可以适用付款地法律。""票据的背书、承兑、付款和保证行为，适用行为地法律。"

三、票据的有关期限

依据票据法第 99 条、第 100 条规定，有关票据追索权行使的期限，一律适用出票地法律；票据的承兑提示期限、付款提示期限、拒绝证明的出示期限和方式适用付款地法律。

四、票据丧失后的补救

依据票据法第 101 条规定，票据丧失后，失票人请求保全票据权利的程序，适用付款地法律。

【法条指引】

中华人民共和国票据法（节录）

第九十四条 涉外票据的法律适用，依照本章的规定确定。

前款所称涉外票据，是指出票、背书、承兑、保证、付款等行为中，既有发生在中华人民共和国境内又有发生在中华人民共和国境外的票据。

第九十五条 中华人民共和国缔结或者参加的国际条约同本法有不同规定的，适用国际条约的规定。但是，中华人民共和国声明保留的条款除外。

本法和中华人民共和国缔结或者参加的国际条约没有规定的，可以适用国际惯例。

第九十六条 票据债务人的民事行为能力，适用其本国法律。

票据债务人的民事行为能力，依照其本国法律为无民事行为能力或者为限制民事行为能力而依照行为地法律为完全民事行为能力的，适用行为地法律。

第九十七条 汇票、本票出票时的记载事项，适用出票地法律。

支票出票时的记载事项，适用出票地法律，经当事人协议，也可以适用付款地法律。

第九十八条 票据的背书、承兑、付款和保证行为，适用行为地法律。

第九十九条 票据追索权的行使期限，适用出票地法律。

第一百条 票据的提示期限、有关拒绝证明的方式、出具拒绝证明的期限，适用付款地法律。

第一百零一条 票据丧失时，失票人请求保全票据权利的程序，适用付款地法律。

第七节 汇票制度

【规则要点】

汇票是一种委托他人付款的证券。汇票的原始票据关系主体通常包括出票人、收款人和付款人。出票是票据关系产生的基础行为，必须按照法定的要式作出。汇票一经出票人出票，就创设了票据权利和票据债务。背书是票据流通的主要方式，背书的目的包括委托他人收款、设定质押担保或融通资金，但最主要的目的是将汇票权利转让给他人。承兑必须依照法定的程序和款式完成，才会产生法律效力。汇票的保证，是指汇票债务人以外的第三人在已签发的汇票上记载“保证”字样，对某特定票据债务人的票据债务承担保证责任的票据行为。付款，是指汇票的付款人于汇票到期日向持票人支付票据金额以消灭票据关系的行为。一项有效的付款应具备法定的条件并符合法定程序，才能产生消灭票据关系的法律效力。追索权是持票人票据权利的重要组成部分。在汇票遭到拒付时，持票人取得了向背书人、出票人及其他在汇票上签名的票据债务人行使追索的权利。

【理解与适用】

一、汇票的概念

汇票，是指由出票人签发的、委托付款人在见票时或者在指定日期无条件支付确定金额给收款人或者持票人的票据。汇票是一种委托他人付款的证券。汇票的原始票据关系主体通常包括出票人、收款人和付款人。出票人是签发票据并委托付款人向收款人支付票载金额的一方，收款人是依据出票人的出票享有票据权利的一方，付款人是受出票人委托支付票据金额的一方。

二、汇票的出票

（一）出票的概念

依据票据法第20条规定，汇票的出票，是指出票人签发票据并将其交付给收款人的票据行为。

出票是票据关系产生的基础行为，必须按照法定的要式作出。各国票据法均规定，只有具备法定要件的书面凭证才构成有效票据。

（二）出票的款式

1. 汇票的绝对必要记载事项

票据法第22条规定，汇票必须记载下列事项：

（1）表明“汇票”字样；

（2）无条件支付的委托；

（3）确定的金额；

（4）付款人名称；

（5）收款人名称；

（6）出票日期；

（7）出票人签章。

汇票未记载前列事项之一的，汇票无效。

2. 汇票的相对必要记载事项

票据法第23条规定，汇票的相对必要记载事项包括：付款日期、付款地、出票地等。如果出票人记载，则应当清楚、明确；如果出票人在汇票上未记载的，按照法律规定执行：未记载付款日期的，为见票即付；未记载付款地的，付款人的营业场所、住所或者经常居住地为付款地；未记载出票地的，出票人的营业场所、住所或者经常居住地为出票地。

3. 汇票的可记载事项

汇票的可记载事项指由当事人决定是否记载，不记载不会造成票据无效，而一旦记载则产生票据法律效力的事项。

依据票据法的相关规定，能够产生票据法效力的任意记载事项有三项：

（1）禁止背书的记载

出票人在汇票上记载“不得背书”的，该汇票背书转让无效。如果收款人背书转让汇票，付款人可以拒绝付款。

（2）币种的记载

出票人在汇票上记载支付票据金额的货币种类的，该记载有效。

（3）代理付款人的记载

代理付款人是代付款人付款的人，可由出票人记载，也可由承兑人记载，汇票上记载代理付款人的，持票人应先向其提示付款。票据法并未规定代理付款人，但是依据实践经验和《支付结算办法》的规定，付款人的开户银行就是付款人的代理人。

4. 汇票的任意记载事项

汇票的任意记载事项也称无效记载事项，是指出票人在出票上记载的无用事项，如果记载，也不产生票据法上的效力；而且，有些记载，可能会因违反票据法规定导致无效，如附条件的委托等导致汇票无效。票据法第 24 条规定：“汇票上可以记载本法规定事项以外的其他出票事项，但是该记载事项不具有汇票上的效力。”

《最高人民法院关于审理票据纠纷案件若干问题的规定》第 68 条规定，对票据未记载事项或者未完全记载事项作补充记载，补充事项超出授权范围的，出票人对补充后的票据应当承担票据责任。给他人造成损失的，出票人还应当承担相应的民事责任。

（三）出票的效力

汇票一经出票人出票，就创设了票据权利和票据债务，票据权利人和票据债务人。出票人为票据债务人，因其出票行为对票据债权人承担按照票据上记载的票据金额，担保承兑和担保付款的票据责任。收款人或持票人不获承兑或不获付款时，可以向出票人追索，出票人应当清偿。

三、汇票的背书

依据票据法第 27 条规定，汇票的背书，是指持票人在汇票背面记载相关事项，以转让票据权利或将票据权利授予他人行使的票据行为。

背书是附属票据行为，在出票后才能进行。在汇票背面背书的人称为背书人，接受经过背书的汇票的人称为被背书人。背书是票据流通的主要方式，背书的目的包括委托他人收款、设定质押担保或融通资金，但最主要的目的是将汇票权利转让给他人。

（一）背书的款式

作为一重要的票据行为，背书必须依照法定的要式作出，才能产生背书的效果，依据票据法第 28 条、第 29 条的规定，汇票背书款式如下：

1. 背书必须记载在汇票背面或与汇票连成一体的粘单上

一项有效的背书应记载于汇票的背面，如果汇票经多次背书、流通，致使背面无法记载，则可通过在汇票上加贴粘单继续背书。粘单上的第一记载人，应在汇票原纸与粘单的骑缝上签章，粘单与粘单之间的背书规则亦同。

2. 背书必须由背书人签章

背书是票据行为的一种，必须由背书人在汇票上签章才能确定具体的票据行为人，并据此判断背书的效力及承担票据责任的人。背书人在汇票上签章后，背书行为才有效成立。

（二）背书的连续

依据票据法第 31 条第 2 款规定，背书连续，是指在票据转让中，转让汇票的背书人与受让汇票的被背书人在汇票上的签章，依次前后衔接，没有中断。连续背书的第一背书人应当是票据上记载的收款人，最后的票据持有人应当是最后一次背书的被背书人。

持背书连续的汇票，是持票人在形式上证明其取得票据权利合法的重要证据。背书连续产生以下法律效果：

1. 持票人为票据权利人

只要背书连续，持票人无须从实质关系上证明自己票据权利的来源合法，就可以行使票据权利。

2. 债务人付款合法

只要背书连续，票据债务人就可以对持票人付款或清偿，从而解除自己的票据责任。即使持票人并非真正的票据权利人，债务人也因此而免责，除非票据债务人在付款时存在故意或者重大过失。

（三）背书的效力

依据票据法第 37 条规定，背书人以背书转让汇票后，即承担保证其后手所持汇票承兑和付款的责任。背书人在汇票得不到承兑或付款时，应当向持票人清偿被拒绝付款的汇票金额和相关利息与费用。

四、汇票的承兑

承兑，是指汇票的付款人在汇票正面明确表示在汇票到期日无条件支付汇票金额的票据行为。承兑行为成立后，付款人变为承兑人，成为汇票主债务人，对汇票有绝对的付款义务。

（一）承兑的程序和款式

承兑是一种票据行为，必须依照法定的程序和款式完成，才会产生法律效力。

1. 承兑的程序

（1）提示承兑

提示承兑，是指持票人向汇票上记载的付款人出示汇票，并要求付款人在汇票上表示到期是否愿意对票据付款的行为。提示承兑是付款人承兑的前提，付款人见票是其承兑的必要条件。持票人提示可分为承兑提示和付款提示两种。即期汇票，无须提示承兑，只作出付款提示；远期汇票则都应先向付款人作出承兑提示，然后再作出付款提示。

提示承兑应在法定的提示承兑期间进行。依据票据法第 39 条第 1 款，第 40 条第 1 款、第 2 款规定，定日付款或者出票后定期付款的汇票，持票人应当在汇票到期日前向付款人提示承兑。见票后定期付款的汇票，提示承兑期为出票后 1 个月。汇票未按照规定期限提示承兑的，持票人丧失对其前手的追索权。

（2）承兑

承兑，是指付款人经提示见票后，在汇票上所作的同意到期付款的意思表示。依据票据法第 41 条第 1 款规定，付款人对向其提示的汇票，应当在自收到提示承兑的汇票之日起 3 日内承兑或者拒绝承兑。如果付款人在 3 日内未作表示，视为拒绝承兑。

（3）汇票的返还

付款人在收到持票人提示承兑的汇票时，应当向持票人签发收到汇票的回单，回单上应当记载汇票的提示承兑日期并签章；3 日内，无论付款人承兑还是拒绝承兑，都应当将汇票返还持票人。

2. 承兑的款式

（1）绝对必要记载事项

票据法第 42 条第 1 款规定，付款人承兑汇票，应当在汇票正面记载"承兑"字样、承兑日期并由承兑人签章；见票后定期付款的汇票，应当在承兑时记载付款日期。可见，"承兑"字样、承兑日期、承兑人签章，构成付款人承兑必需的基本要件。

（2）不得记载事项

付款人在承兑时，不得记载与汇票的性质或承兑的特性相违背的事项。票据法第 43 条规定："付款人承兑汇票，不得附有条件；承兑附有条件的，视为拒绝承兑。"

（二）承兑的效力

付款人承兑汇票并将汇票交付给持票人后，承兑即发生法律效力。

1. 对付款人的效力

付款人一经承兑就变成承兑人，是汇票的主债务人，对持票人承担绝对的付款责任。对持票人而言，无论承兑人与出票人之间有无资金关系，承兑人都应承担付款责任，即使持票人因未按其提示付款而丧失追索权，承兑人仍应当承担利益返还责任。

2. 对持票人的效力

在付款人承兑前，汇票上的记载事项对付款人并无约束力，持票人向付款人的请求权只是一种期待权。在付款人承兑后，承兑人成为汇票主债务人，持票人的付款请求权变成一种现实的权利。

3. 对出票人和背书人

如果付款人拒绝承兑，持票人可以向出票人或其前手行使拒绝承兑的期前追索权；而汇票一经承兑，出票人和背书人的期前被追索责任免除。

五、汇票的保证

（一）汇票保证的概念

汇票的保证，是指汇票债务人以外的第三人在已签发的汇票上记载“保证”字样，对某特定票据债务人的票据债务承担保证责任的票据行为。作出保证行为的人为汇票保证人，其所保证的对象为被保证人，可以是出票人、背书人或承兑人。汇票的保证可使汇票的信用度增加，促进汇票流通。

作为一种票据行为，除了具有要式性、文义性等特征外，汇票保证还具有以下特点：

1. 汇票保证是一种附属票据行为

汇票保证的目的是保证票据债务的履行为已经创设的票据权利提供担保，因此，汇票保证只能在出票行为的基础上实施。

2. 汇票保证是保证人负担票据债务的法律行为

保证人实施保证行为后，即参加到票据关系中来，成为票据关系的当事人，对被保证人的后手或票据债权人负担票据债务。

3. 汇票保证人只能由票据债务人以外的第三人担当

保证行为是增加票据债务人的一种行为，而出票人、背书人或承兑人都是票据的债务人，如果允许他们再来担当保证人，票据保证就没有意义了。所以，票据法第 45 条第 2 款规定：“保证人由汇票债务人以外的他人担当。”

但是，依据《最高人民法院关于审理票据纠纷案件若干问题的规定》第 60 条、第 61 条规定，国家机关、以公益为目的的事业单位、社会团体、企业法人的分支机构和职能部门作为票据保证人的，票据保证无效，但经国务院批准为使用外国政府或者国际经济组织贷款进行转贷，国家机关提供票据保证的，以及企业法人的分支机构在法人书面授权范围内提供票据保证的除外。票据保证无效的，票据的保证人应当承担与其过错相应的民事责任。

（二）保证的款式

依据票据法第 46 条的规定，保证人在保证时，必须在汇票或者粘单上记载下列事项：

（1）表明“保证”的字样；

（2）保证人的名称和住所；

（3）被保证人名称；

（4）保证日期；

（5）保证人签章。

此外，依据票据法第47条、第48条规定：

（1）如果汇票上未记载被保证人名称的，保证有效，被保证人视具体情况推定，以保障票据债务的履行。已承兑的汇票，承兑人为被保证人；未承兑的汇票，出票人为被保证人；

（2）如果汇票上未记载保证日期的，以出票日期为保证日期，以使更多的债权人受益；

（3）保证不得附有条件；附有条件的，不影响对汇票的保证责任。

（三）汇票保证的法律效果

保证人承担的责任与被保证人相同，并且当存在数个保证人时，各保证人彼此间承担连带责任；保证人清偿票据债务后即取得持票人的地位，享有票据权利，可以向保证人的所有前手直至出票人行使再追索权。

六、汇票的付款

汇票的付款，分为狭义的付款和广义的付款。狭义的付款，是指汇票的付款人于汇票到期日向持票人支付票据金额以消灭票据关系的行为；广义的付款除了包括狭义的付款外，还包括追索权行使过程中被追索人的偿还行为，这种行为不能完全消灭票据关系，只能消灭特定票据当事人之间的债权债务关系。此处所称付款为狭义的付款。

（一）付款的程序

一项有效的付款应具备法定的条件并符合法定程序，才能产生消灭票据关系的法律效力：

1. 付款提示

付款提示，是指持票人或其代理人在法定期限内向付款义务人出示汇票，请求支付票据金额的行为，包括出示汇票和请求付款两项内容。付款提示是付款程序的开始，是持票人保全和行使票据权利的重要方法，也是付款人知道自己负担付款义务并履行付款义务的必要前提。

一般情况下，持票人请求付款都应当提示汇票，除非有以下情形：

（1）持票人丧失票据的，经过公示催告程序取得法院的除权判决书后，可以用除权判决书代替汇票行使付款请求权；

（2）持票人提示承兑遭到拒绝的，无须付款提示即可以凭拒绝证书行使追索权，此时可以不经过提示汇票。

2. 付款提示期

付款提示必须在法定期限内作出，即在票据到期日届至的一段时间内。票据到期日是持票人得以行使付款请求权的日期，因此也称“付款日”，付款提示应于汇票到期日进行。票据法第53条规定：（1）见票即付的汇票，自出票日起1个月内向付款人提示付款；（2）定日付款、出票后定期付款或者见票后定期付款的汇票，自到期日起10日内向承兑人提示付款。如果付款提示期限的最后一日为法定节假日，付款提示期限延长至法定节假日结束后的第1个工作日；付款提示应在合理的时间内，一般认为该合理时间是指正常工作日的正常营业时间。

《最高人民法院关于审理票据纠纷案件若干问题的规定》第59条规定，承兑人或者付款人依照票据法第53条第2款的规定对逾期提示付款的持票人付款与按照规定的期限付款具有同等法律效力。

3. 付款

如果持票人提示付款，付款人则应依法履行付款义务。

（1）审查义务

付款人在付款时，依据票据法必须履行审查义务，以查实提示人是否有提示付款和受领汇票金额的资格，只有付款人是善意付款，才能免除其债务责任。所谓“善意”是指付款人并不知悉持票人对该票据具有权利上的缺陷。根据票据文义性、无因性的原则，付款人“善意”的构成仅在于对汇票表面进行合理的形式审查，对此，票据法第57条第1款规定，付款人应当审查背书的连续，并审查提示付款人的合法身份证明或者有效证件。

《最高人民法院关于审理票据纠纷案件若干问题的规定》第69条规定，付款人或者代理付款人未能识别出伪造、变造的票据或者身份证件而错误付款，属于票据法第57条规定的“重大过失”，给持票人造成损失的，应当依法承担民事责任。付款人或者代理付款人承担责任后有权向伪造者、变造者依法追偿。持票人有过错的，也应当承担相应的民事责任。

《最高人民法院关于审理票据纠纷案件若干问题的规定》第70条规定，付款人及其代理付款人有下列情形之一的，应当自行承担责任：

① 未依照票据法第57条的规定对提示付款人的合法身份证明或者有效证件以及汇票背书的连续性履行审查义务而错误付款的；

② 公示催告期间对公示催告的票据付款的；

③ 收到人民法院的止付通知后付款的；

④ 其他以恶意或者重大过失付款的。

(2) 付款时间

付款人在履行审查义务后，认为应当付款的，必须按照票据法第58条的规定，于提示付款当日，足额支付票据金额。

付款人在向持票人支付票据金额后，有权要求持票人或其代理人在汇票上记载“收讫”字样并签章，并在付清票款时要求持票人交出票据。从付款人收受汇票开始，票据关系即告结束，汇票变成废票，只用作会计凭证，不得再流通使用。

4. 付款的币种

汇票付款的法定币种为人民币。依据票据法第59条规定，汇票金额为外币的，按照付款日的市场汇价，以人民币支付。除非汇票当事人对支付的货币种类有另外约定，则从其约定。

(二) 付款的法律效力

1. 付款的一般效力

各国法律均规定，当付款人依据汇票记载向持票人全额付款时，票据上存在的一切权利义务关系即宣告解除，不仅付款人或承兑人的付款债务解除，汇票上的背书人、保证人等其他债务人的票据责任也得以解除，票据关系宣告结束。

2. 期外付款的效力

不在票据法规定的期限内的付款统称为期外付款，包括期前付款和期后付款。

(1) 期前付款

期前付款，是指付款人在汇票到期日前将票据金额支付给持票人的行为。

期前付款对持票人和付款人都会产生一定法律效力。

第一，对持票人的效力。从理论上说，付款人于到期日前主动付款的，持票人没有必须受领票据金额的义务，可以接受，也可以拒绝。但事实上，因持票人提示而导致的期前付款行为，持票人很少会拒绝接受。

第二，对付款人的效力。在汇票到期日前，付款人既没有付款的权利也没有付款义务，对于持票人期前付款的提示和请求，付款人有权加以拒绝。如果付款人在到期日前付款，则该付款行为不产生付款的法律效果，其付款责任不能解除，付款人要自行承担所产生的责任，即可能发生再次付款的义务。

（2）期后付款

期后付款，是指付款人对超过付款提示期限或拒绝证书做成后的汇票，仍将票据金额支付给持票人的行为。

期后付款因付款人的不同，效力各不相同。

第一，承兑人的期后付款。作为汇票的主债务人，在票据权利因时效届满而消失前，承兑人对持票人的权利是无条件的。因此，即使汇票已过提示期限或拒绝证书做成后，只要没有超过票据时效期限，承兑人付款的，都与一般付款的效力相同，承兑人的付款责任解除。

第二，付款人的期后付款。具体分为持票人取得拒绝证书后的期后付款和持票人没有取得拒绝证书的期后付款。在第一种情形下，付款人拒绝证书做成后，持票人因履行保全手续而享有追索权，依然能够行使票据权利。在此情形下付款人再行对持票人付款与到期付款具有同等的效力。在第二种情形下付款人没有承兑，本无付款义务，而持票人也没有依期提示付款，没有取得拒绝证明，依据法律规定丧失对其前手的追索权，实际上持票人已经无法行使票据权利了。此时付款人付款，已经不是按照票据法的规定履行付款责任，也可能违反与出票人之间的预约关系，因此，这种期后付款应属无效，付款人应当自行承担付款责任。

七、汇票的追索权

追索权，是指票据经依法提示而不获付款或不获承兑，或者因为其他法定的原因致使持票人无法提示付款或提示承兑的，持票人依法履行票据权利保全手续后对出票人、背书人或保证人等票据债务人享有请求偿还票据金额、利息和其他必要费用的一种票据权利。追索权是持票人票据权利的重要组成部分。

（一）追索权的保全

在汇票遭到拒付时，持票人取得了向背书人、出票人及其他在汇票上签名的票据债务人行使追索的权利。但是追索权的行使并非基于拒付的事实而自动产生，各国法律均规定行使追索权的前提是提示、取得拒绝证书并向有关责任人发出拒付通知。

1. 提示承兑或提示付款

持票人未按照票据法规定提示承兑原则上丧失对其前手的追索权。

2. 取得拒绝证书

持票人为了行使追索权，必须履行保全手续。依据票据法规定，持票人行使追索权时，应当提供被拒绝承兑或者被拒绝付款的有关证明。拒绝证书，是指由法律规定的对持票人依法提示承兑或提示付款被拒绝，或无法提示承兑或提示付款的事实具有证明效力的文书。取得拒绝证书是保全追索权的重要程序，是行使追索权的必要条件。

拒绝证书的制作主体因追索权行使的法律事由的不同而有所不同。依据票据法第 62 条至第 64 条的规定，拒绝证书具体包括：

拒绝证明或退票理由书。持票人提示承兑或提示付款被拒绝的，由承兑人或付款人出具拒绝证明或退票理由书，未出具的，应当承担由此产生的民事责任。

公安机关的相关证明。持票人因承兑人或者付款人死亡、逃匿或者其他原因，不能取得拒绝证明的，由公安机关出具死亡或逃跑证明。

人民法院的司法文书。承兑人或付款人被人民法院依法宣告破产的，人民法院出具的判决书或裁定书等司法文书，具有拒绝证明的效力。

行政机关的处罚决定。承兑人或罚款人因违法被责令终止业务活动的，有关行政主管部门的处罚决定具有拒绝证明的效力。

《最高人民法院关于审理票据纠纷案件若干问题的规定》第 71 条、票据法第 63 条所称“其他有关证明”是指：人民法院出具的宣告承兑人、付款人失踪或者死亡的证明、法律文书；公安机关出具的承兑人、付款人逃匿或者下落不明的证明；医院或者有关单位出具的承兑人、付款人死亡的证明；公证机构出具的具有拒绝证明效力的文书。持票人不能出示拒绝证书的，丧失对其前手的追索权。

3. 拒付通知

拒付通知，又称追索通知，是指持票人为行使追索权而就拒付的事实向汇票上的其他债务人发出的通知。票据法第66条第1款规定，持票人应当自收到被拒绝承兑或者拒绝付款的有关证明之日起3日内，将拒绝事由书面通知其前手。

具体通知的方式包括：

（1）直接通知，即持票人同时向各汇票债务人发出书面通知；

（2）递次通知，即持票人将拒绝事由书面通知其前手，其前手在接到通知之日起3日内书面通知其再前手。

持票人未按照规定期限通知的，持票人仍可以行使追索权。但是因延期通知给其前手或者出票人造成的损失，应承担赔偿责任。

（二）追索金额

追索金额因不同情况而有所不同。被追索人清偿债务后，其责任解除。

1. 最初追索金额

依据票据法第70条规定，持票人行使追索权，可以请求被追索人支付下列金额和费用：

（1）被拒绝付款的汇票金额；

（2）汇票金额自到期日或提示付款日起至清偿日止，按照中国人民银行规定的利率计算的利息；

（3）取得有关拒绝证明和发出通知书的费用。

被追索人清偿债务时，持票人应当交出汇票和有关拒绝证明，并出具所收到利息和费用的收据。

2. 再追索金额

依据票据法第71条规定，被追索人依照规定清偿后，可以向其他汇票债务人行使再追索权，请求其他汇票债务人支付下列金额和费用：

（1）已清偿的全部金额；

（2）前项金额自清偿日起至再追索清偿日止，按照中国人民银行规定的利率计算的利息；

（3）发出通知书的费用。

行使再追索权的被追索人获得清偿时，应当交出汇票和有关拒绝证明，并出具所收到利息和费用的收据。

（三）追索权的效力

1. 对追索权人的效力

持票人因行使追索权而获得清偿的，应向被追索人交付汇票及拒绝证书，以便被追索人行使再追索权。追索权人的票据权利因清偿而归于消灭。

2. 对被追索人的效力

被追索人因清偿汇票金额，其票据债务消灭，取得汇票后即与持票人享有同一权利，可以对其前手进行再追索。

【风险提示】

票据背书形式上不连续并非当然无效，因此并不必然导致持票人丧失票据权利，此时持票人可以提供其他相关证据补正和消除证据形式瑕疵问题。在经过其他证据佐证之后，该票据应当有效。

当事人接收以背书方式转让票据时，应认真审查背书是否连续。根据票据法第 31 条第 2 款的规定，背书连续是指在票据转让中，转让汇票的背书人与受让汇票的被背书人在汇票上的签章依次前后衔接。

根据票据法第 53 条第 1 款第（二）项的规定，定日付款、出票后定期付款或者见票后定期付款的汇票，持票人应当自到期日起 10 日内向承兑人提示付款。持票人未在规定期限内提示付款的，参照中国人民银行发布的《支付结算办法》第 36 条第 1 款的规定，丧失对其前手的追索权，持票人在作出说明后，仍可以向承兑人请求付款。

中国人民银行制定的支付结算办法在不与法律、行政法规相冲突的情况下，可作为人民法院裁判案件的参照。

【相关案例】

案例 1　中国民生银行股份有限公司宁波分行与江苏格兰仕空调销售有限公司票据追索权纠纷案

2012 年 5 月 18 日，中国民生银行股份有限公司宁波分行（以下简称民生银行宁波分行）作为承兑人开出案涉银行承兑汇票，该汇票出票人为嘉诚公司，票面金额100万元，收款人为格峰公司（后更名为格众公司）。2012年11月7日至12月4日，宝之隆公司、格众公司、美益公司均出具证明，证明其在背书转让时加盖印鉴不规范。后江苏格兰仕空调销售有限公司（以下简称格兰仕公司）委托南京银行城西支行收款，但民生银行宁波分行以“证明不完整、少出票人证明、印鉴未骑缝少证明”为由拒绝付款。格兰仕公司因此向南京市栖霞区人民法院提起票据追索权之诉，请求法院判令德施普照公司、宝之隆公司、格众公司、嘉诚公司、民生银行宁波分行连带支付票款100万元。一审法院支持格兰仕公司诉请。民生银行宁波分行不服，上诉至南京市中级人民法院。

南京市中级人民法院认为，本案中存在票据形式瑕疵问题，案涉票据背书在形式上不连续，但案涉票据并非当然无效，也不必然导致持票人格兰仕公司丧失票据权利，应准许格兰仕公司提供证据补正消除该形式瑕疵问题。在该问题解决后，案涉票据应属有效。格兰仕公司已提供了格众公司、宝之隆公司、美益公司出具的书面材料，证明由于工作人员的失误导致上述瑕疵问题的出现，亦证明了案涉票据先后在格众公司、宝之隆公司、德施普照公司、格兰仕公司、美益公司、格兰仕公司之间进行转让受让，该票据的流转关系清晰，票据的背书也因此构成了实质连续，格兰仕公司作为持票人应享有票据权利。据此判决驳回上诉，维持原判。

案例2　烟台银行股份有限公司胜利路支行、烟台鑫发投资咨询有限公司票据追索权纠纷案

2011年12月26日，烟台鑫发投资咨询有限公司（以下简称烟台鑫发公司）与哈尔滨高金丰经贸有限公司（以下简称哈尔滨高金丰公司）、烟台银行股份有限公司胜利路支行（以下简称烟台银行胜利路支行）签订《借款协议》，约定哈尔滨高金丰公司向烟台鑫发公司出借借款7500万元，哈尔滨高金丰公司以承兑汇票提供质押担保，烟台银行胜利路支行提供连带保证。烟台鑫发公司于2012年3月6日委托中行烟台芝罘支行向付款行烟台银行胜利路支行收款。2012年3月20日，烟台银行以票据已交公安审查为由拒绝支付。后烟台鑫发公司向山东高院起诉，主张行使票据追索权，请求哈尔滨高金丰公司、烟台银行胜利路支行作为背书人共同承担款项给付责任。

本案经过一审后，二审由最高人民法院作出。最高人民法院认为，本案中，烟台鑫发公司于2012年3月6日委托其开户行中国银行股份有限公司烟台芝罘支行向付款人烟台裕霖木业有限公司的开户行烟台银行胜利路支行收款，此时，已经超过10日的提示付款期限。参照中国人民银行发布的支付结算办法第36条第1款的规定，商业汇票的持票人超过规定期限提示付款的，丧失对其前手的追索权，持票人在作出说明后，仍可以向承兑人请求付款。本案中，因烟台鑫发公司委托银行收款时已过提示付款期限，其已经丧失对其前手的追索权，故其无权要求案涉票据的背书人哈尔滨高金丰公司和烟台银行胜利路支行承担案涉票据款及利息的给付责任。

【法条指引】

中华人民共和国票据法（节录）

第三十一条　以背书转让的汇票，背书应当连续。持票人以背书的连续，证明其汇票权利；非经背书转让，而以其他合法方式取得汇票的，依法举证，证明其汇票权利。

前款所称背书连续，是指在票据转让中，转让汇票的背书人与受让汇票的被背书人在汇票上的签章依次前后衔接。

第五十三条　持票人应当按照下列期限提示付款：

（一）见票即付的汇票，自出票日起一个月内向付款人提示付款；

（二）定日付款、出票后定期付款或者见票后定期付款的汇票，自到期日起十日内向承兑人提示付款。

持票人未按照前款规定期限提示付款的，在作出说明后，承兑人或者付款人仍应当继续对持票人承担付款责任。

通过委托收款银行或者通过票据交换系统向付款人提示付款的，视同持票人提示付款。

第七十八条　本票自出票日起，付款期限最长不得超过二个月。

第七十九条　本票的持票人未按照规定期限提示见票的，丧失对出票人以外的前手的追索权。

第九十一条　支票的持票人应当自出票日起十日内提示付款；异地使用的支票，其提示付款的期限由中国人民银行另行规定。

超过提示付款期限的，付款人可以不予付款；付款人不予付款的，出票人仍应当对持票人承担票据责任。

最高人民法院关于审理票据纠纷案件若干问题的规定

第十六条 票据债务人依照票据法第九条、第十七条、第十八条、第二十二条和第三十一条的规定，对持票人提出下列抗辩的，人民法院应予支持：

（一）欠缺法定必要记载事项或者不符合法定格式的；

（二）超过票据权利时效的；

（三）人民法院作出的除权判决已经发生法律效力的；

（四）以背书方式取得但背书不连续的；

（五）其他依法不得享有票据权利的。

第六十三条 人民法院审理票据纠纷案件，适用票据法的规定；票据法没有规定的，适用《中华人民共和国民法通则》、《中华人民共和国合同法》、《中华人民共和国担保法》等民商事法律以及国务院制定的行政法规。

中国人民银行制定并公布施行的有关行政规章与法律、行政法规不抵触的，可以参照适用。

支付结算办法（节录）

第三十六条 商业汇票的持票人超过规定期限提示付款的，丧失对其前手的追索权，持票人在作出说明后，仍可以向承兑人请求付款。

银行汇票、银行本票的持票人超过规定期限提示付款的，丧失对出票人以外的前手的追索权，持票人在作出说明后，仍可以向出票人请求付款。

支票的持票人超过规定的期限提示付款的，丧失对出票人以外的前手的追索权。

第八节 本票与支票制度

【规则要点】

票据法所称本票，是银行本票，即银行作为出票人签发的本票。本票的出票人在持票人提示见票时，必须承担付款责任。支票，是指出票人签发的、委托办理支票存款业务的银行或其他金融机构于见票时无条件支付确定金额给收款人的票据。付款人根据支票持票人的请求向其支付支票金额。

【理解与适用】

一、本票制度

（一）本票的概念

本票，是指出票人签发的承诺自己在见票时无条件支付确定金额给收款人或持票人的票据。票据法所称本票，是银行本票，即银行作为出票人签发的本票。

（二）本票的特殊规则

在二票或三票合于一法立法体例下，为了避免重复，各国法律均规定：有关汇票的规定，凡与本票性质不相抵触的，适用于本票。依据票据法第80条规定，本票的背书、保证、付款行为和追索权的行使，除票据法第三章规定的特殊规则外，适用有关汇票之规定。

本票的特殊规则如下：

1. 本票的绝对必要记载事项

依据票据法第75条的规定，本票必须记载下列事项：

（1）表明“本票”字样；

（2）无条件支付的承诺；

（3）确定的金额；

（4）收款人名称；

（5）出票日期；

（6）出票人签章。

本票未记载以上事项之一的，本票无效。

2. 本票为即期本票

票据法第77条规定，本票的出票人在持票人提示见票时，必须承担付款责任。表明中国的本票都是见票即付的即期本票。

3. 本票的见票

票据法第78条规定，“本票自出票日起，付款期限最长不得超过二个月。”本票无承兑制度，提示见票目的不在于承兑，而在于请求付款。因此，票据法第79条规定，本票的持票人未按照规定期限提示见票的，丧失对出票人以外的前手的追索权。

二、支票制度

（一）支票的概念

支票，是指出票人签发的、委托办理支票存款业务的银行或其他金融机构于见票时无条件支付确定金额给收款人的票据。

（二）支票的特殊规则

支票的出票、付款行为和追索权的行使，除票据法第四章规定的特殊规则外，适用有关汇票之规定。

支票的特殊规则包括：

1. 支票的资金关系

依据票据法的规定，支票中必须有资金关系，出票人必须在经过中国人民银行当地支行批准的办理支票业务的金融机构开立支票存款账户，并存入一定的资金，才能签发支票。

票据法第82条规定了申请人开立支票存款账户规则：

（1）必须使用本名，并提交证明其身份的合法证件；

（2）必须存入一定资金；

（3）应当预留其本名的签名式样和印鉴。

2. 支票的记载事项

票据法第84条规定，支票必须记载下列事项：

（1）表明“支票”字样；

（2）无条件支付的委托；

（3）确定的金额；

（4）付款人名称；

（5）出票日期；

（6）出票人签章。

支票上未记载以上事项之一的，支票无效。

但是，票据法第85条规定：“支票上的金额可以由出票人授权补记，未补记前的支票，不得使用。”这表明，在支票的记载事项中，必须有支票金额的记载，但是该记载不一定由出票人在出票时完成，只要在支票提示付款前补记完成即可。这是支票不同于汇票、本票的特殊规则之一。

3. 空白支票

空白支票也称空白授权支票，是指支票出票时，收款人名称不予记载即完成签章并交付的支票。收款人名称不是绝对必要记载事项，这是支票与汇票、本票的不同。票据法第 86 条第 1 款规定："支票上未记载收款人名称的，经出票人授权，可以补记。"表明票据法允许使用空白支票。收款人名称"可以补记"，意味着补记与否，收款人名称的有无，不影响支票的使用。

但是，支票上收款人名称有无，影响支票的转让规则：

（1）如果收款人名称出票时记载，或已经补记，该支票为记名支票，其转让就应按记名票据的规则转让，即以背书的方式转让；

（2）如果收款人名称出票时没有记载，也没有人补记，该支票则为无记名支票，可以以单纯交付的方式转让。转让人不是背书人，因此也不是票据的当事人。

4. 空头支票和其他违法签发的支票

空头支票，是指出票人签发的支票金额超过其付款时在付款人处实有存款金额的支票。为防止出票人恶意签发支票，给持票人及银行带来损失，各国支票法一般都强调，出票人与银行之间必须有存款关系，才能按照与存款银行事先就支票所达成的预约协议开具支票。可见，出票人与付款人之间存在合法的资金关系，是出票人签发支票的前提。因此，票据法第 87 条第 2 款规定，禁止签发空头支票。

此外，票据法第 88 条还规定，支票的出票人不得签发与其预留本名的签名式样或者印鉴不符的支票。

但是，票据是无因证券，属于票据基础关系的资金关系不应对支票的有效性构成任何实质的妨碍。尽管法律禁止出票人签发无实际资金关系的空头支票，但出票人如果签发此种支票，也并不影响支票的有效性，只是出票人因此而承担相应民事行政甚至是刑事上的法律责任。因此，依据票据法第 102 条第（三）项规定，对于签发空头支票和故意签发与其预留本名的签名式样或者印鉴不符的支票，骗取财物的行为属于票据欺诈行为，应依法追究刑事责任。

5. 支票的付款

支票的付款，是指付款人依据持票人的请求向其支付支票金额，以消灭支票关系的行为。

票据法第 91 条规定，支票的付款规则包括：

（1）持票人应当在法定期限内进行付款提示。付款提示期期限为出票日起 10 天，超过付款提示期限的付款人可以拒绝付款，但出票人应仍承担票据责任；

（2）出票人在付款人处的存款足以支付支票金额时，付款人应当在当日、足额付款；

（3）如果支票经持票人正确提示而不获付款，则持票人应于做成拒绝证书后向其前手背书人、出票人及其他在票据上签名的债务人行使追索权，追索权自提示期限届满之日起 6 个月内有效；支票债务人对其债务清偿后获得再追索的权利，该权利自清偿之日或被诉之日起 3 个月内有效。

【法条指引】

中华人民共和国票据法（节录）

第七十三条 本票是出票人签发的，承诺自己在见票时无条件支付确定的金额给收款人或者持票人的票据。

本法所称本票，是指银行本票。

第七十四条 本票的出票人必须具有支付本票金额的可靠资金来源，并保证支付。

第八十条 本票的背书、保证、付款行为和追索权的行使，除本章规定外，适用本法第二章有关汇票的规定。

本票的出票行为，除本章规定外，适用本法第二十四条关于汇票的规定。

第八十一条 支票是出票人签发的，委托办理支票存款业务的银行或者其他金融机构在见票时无条件支付确定的金额给收款人或者持票人的票据。

第八十三条 支票可以支取现金，也可以转账，用于转账时，应当在支票正面注明。

支票中专门用于支取现金的，可以另行制作现金支票，现金支票只能用于支取现金。

支票中专门用于转账的，可以另行制作转账支票，转账支票只能用于转账，不得支取现金。

第九十条 支票限于见票即付，不得另行记载付款日期。另行记载付款日期的，该记载无效。

第九十三条 支票的背书、付款行为和追索权的行使，除本章规定外，适用本法第二章有关汇票的规定。

支票的出票行为，除本章规定外，适用本法第二十四条、第二十六条关于汇票的规定。

第七章

信托法

信托是源于英美法系的一项法律制度。根据信托法的界定，信托，是指委托人基于对受托人的信任，将其财产权委托给受托人，由受托人按委托人的意愿以自己的名义，为受益人的利益或特定目的，进行管理或处分的行为。可见，信托是一种法律行为，是委托人基于对受托人的信任，将财产权转移给受托人，为了受益人的利益进行管理和处分的行为；信托也是一种法律关系，涉及三方当事人，即信托人、受托人和受益人。

第一节　信托主体制度

【规则要点】

信托，是指委托人基于对受托人的信任，将其财产权委托给受托人，由受托人按委托人的意愿以自己的名义，为受益人的利益或者特定目的，进行管理或者处分的行为。第九届全国人民代表大会常务委员会第二十一次会议于2001年4月28日审议通过了信托法，信托法对信托当事人，即委托人、受托人、受益人等进行规范，明确了各自的权利和义务。

【理解与适用】

一、委托人

委托人是信托法律关系的创设者，是通过信托行为将自己的财产作为信托财产转移给受托人，并委托其为自己或者自己所指定的其他人利益或特定目的而进行管理或处分的人。委托人在信托关系成立前，居于财产所有人和信托财产设立人的地位；信托关系成立后，则居于利害关系人地位。委托人处于不同的法律地位，其享有的权利与承担的义务也就有所不同。信托法要求信托人是具有完全民事行为能力的自然人、法人或者依法成立的其他组织。

（一）委托人的权利

1. 知情权

委托人有权了解受托人对信托财产的管理运用、处分及收支情况，并有权要求受托人作出说明。受托人有权查阅、抄录或者复制与其信托财产有关的信托账目以及处理信托事务的其他文件。信托账目是全面记载信托财产及其种类、数额或价值、流向、变型、使用状况以及由该财产派生的受益权的支付情况的文件。查阅信托账目能够使委托人对信托财产的管理和信托事务的处理情况有一个全面的了解。

2. 异议权与管理方法调整请求权

根据信托法的规定，除了法律明文规定的情况外，信托财产不得强制执行。对于违反法律规定而强制执行信托财产的，委托人、受托人或者受益人有权向人民法院提出异议。对于信托财产的管理方法，一般来说一经确定就不能变更，但是如果因为设立信托时未能预见的特别事由，致使信托财产的管理方法不利于实现信托目的或者不符合受益人的利益时，委托人有权要求受托人调整该信托财产的管理方法。与其他国家的规定不同的是，在中国，委托人可以直接请求受托人调整信托财产的管理方法而无须通过法院。

3. 主张信托无效权与撤销权

当信托出现无效或者具有可撤销事由时，委托人基于其信托设定人的身份，可以主张信托无效或者请求撤销信托。信托法规定，受托人违反信托目的处分信托财产或者因违背管理职责、处理信托事务不当致使信托财产受到损失的，委托人有权申请人民法院撤销该处分行为，并有权要求受托人恢复信托财产的原状或者予以赔偿；该信托财产的受让人明知是违反信托目的而接受该财产的，应当予以返还并予以赔偿。委托人的该项申请撤销权，自委托人知道或应当知道撤销原因之日起 1 年内不行使的，归于消灭。由于委托人是信托财产的原始所有人，当信托因当事人的主张或者请求而归于无效后，信托财产归属于委托人。但存在两个例外情形：一是信托文件明文规定信托终止后，信托财产归属于受益人；二是信托利益全部归属于受益人。

4. 对受托人的任免权

如果受托人提出辞职，委托人有权决定是否同意。原则上受托人已经接受委托就不得随意辞任。但有两点例外：一是信托文件事先有规定，二是经过委托人或者受益人的同意。如果受托人违反信托目的处分信托财产或者管理运用、处分信托财产有重大过失的，委托人有权依照信托文件的规定解任受托人，或者向人民法院申请解任受托人。受托人职责终止的，依照信托文件规定选任新受托人；信托文件未规定的，由委托人选任。委托人不指定或者无能力指定的，由受益人选任；受益人为无民事行为能力人或者限制民事行为能力人的，依法由其监护人代行选任。原受托人处理信托事务的权利和义务，由新受托人承继。

5. 要求受托人承担信托责任的权利

当受托人违反信托规则而导致信托财产蒙受损失，或者受托人违反信托规则处分信托财产，或者受托人违反信托规则而从中获益时，委托人包括其继承人、受益人以及其他受托人均有权要求该受托人承担责任。

（二）委托人的义务

信托关系一方面要求委托人提供信托财产，另一方面却排除了其管理信托财产与处理信托事务的可能性。这就使得委托人在执行信托方面，无须承担任何义务。但是，委托人依然应当承担其他方面相应的义务，具体而言包括以下几项：将信托财产交付受托人；向受托人支付报酬或费用；除委托人已在信托文件中声明保留权利者外，不得干预受托人的活动；当委托人为唯一受益人时，如其解除信托的时期不利于受托人，则应赔偿受托人因此所受损害，如报酬的减少等。

二、受托人

受托人，是指因接受委托人的委托而对信托财产负有为他人利益进行管理或处分职责的人，受托人是信托关系本质的体现者，居于信托关系的核心。信托法规定，受托人应当是具有完全民事行为能力的自然人、法人。若法律、行政法规对受托人的条件另有规定的，从其规定。

（一）受托人的权利

1. 管理信托财产与处理信托事务的权利

信托的目的就是要求通过受托人执行信托以使受益人获益，这就决定了受托人有管理信托财产和处理信托事务的权利。对于信托财产的管理，需要运用一定的管理方法。这一管理方法一经确定，一般不能变更。但是在信托关系存续期间，有时为了有利于受益人或者有利于信托目的的实现，的确需要对这一管理方法进行变更。在中国，信托法仅承认委托人、受益人享有财产管理办法的变更权。国外多认可受托人有权在需要时请求法院变更信托财产管理方法。

2. 费用及损害补偿请求权

在信托关系存续期间，要使对信托财产的管理和对信托事务的处理有效进行，通常需要由受托人支付一定的相关费用。信托法规定，受托人因处理信托事务所支出的费用、对第三人所负债务，以信托财产承受。受托人以其固有财产先行支付的，对信托财产享有优先受偿的权利。但是受托人违背管理职责或者处理信托事务不当对第三人所负债务或者自己受到的损失，以其固有财产承担。信托终止后，受托人依照规定行使请求给付报酬、从信托财产中获得补偿的权利时，可以留置信托财产或者对信托财产的权利归属人提出请求。

3. 获得报酬权

受托人行使获得报酬权可以通过三种途径：一是直接对信托财产行使，二是对受益人行使，三是对委托人行使。受托人具体通过何种途径获得报酬主要取决于信托契约的规定。受托人有权依照信托文件的约定取得报酬。信托文件未作事先约定的，经信托当事人协商同意，可以作出补充约定；未作事先约定和补充约定的，不得收取报酬。约定的报酬经信托当事人协商同意的，可以增减其数额。但是，受托人违反信托目的处分信托财产或者因违背管理职责，处理信托事务不当致使信托财产受到损失的，在未恢复信托财产的原状或者未予赔偿前，不得请求给付报酬。

此外，还可以在有关的信托行为中，由委托人以明文规定形式，授予受托人一定权利。这些权利既可以包括与信托财产或信托执行有关但在信托法中未规定的权利，还可以包括在信托行为中规定的事由出现之时变更或解除信托关系的权利以及其他有利于信托目的实现的权利等。

（二）受托人的义务

1. 诚信、谨慎、有效管理的义务

受托人应当遵守信托文件的规定，为受益人的最大利益处理信托事务。受托人管理信托财产，必须恪尽职守，履行诚实、信用、谨慎、有效管理的义务。

2. 忠实义务

忠实义务，是指受托人必须以受益人的利益作为处理信托业务的唯一目的，必须避免与受益人产生利益冲突的情况。在管理信托财产时，受托人除依照规定获得报酬外，不得利用信托财产为自己谋取利益。受托人违反规定利用信托财产为自己谋取利益的，所得利益归入信托财产。受托人不得将信托财产转为其固有财产。受托人将信托财产转为其固有财产的，必须恢复该信托财产的原状；造成信托财产损失的，应当承担赔偿责任。受托人不得将其固有财产与信托财产进行交易或者将不同委托人的信托财产进行相互交易，但信托文件另有规定或者经委托人或者受益人同意，并以公平的市场价格进行交易的除外。受托人违反规定，造成信托财产损失的，应当承担赔偿责任。

3. 对信托财产分别管理的义务

受托人必须将信托财产与其固有财产分别管理、分别记账，并将不同委托人的信托财产分别管理、分别记账。如果受托人违反该义务而获得利益，受益人有权请求将其所获利益归于信托财产，或者因违反该义务导致信托财产受损失时，则应当承担赔偿责任。但如果受托人能够证明即便实行了分别管理，该损失也无法避免的，可免于赔偿。

4. 不得委托他人代理的义务

信托关系以信任为基础，没有委托人对受托人的信任，信托关系便不可能产生。信托关系的这一特征，要求受托人对信托财产亲自管理，对信托事务亲自处理。即要求受托人以自己的行为来执行信托管理事务，而不得将部分或者全部信托事务委托他人代理。信托法规定，受托人应当自己处理信托事务，但信托文件另有规定或者有不得已事由的，可以委托他人代为处理。受托人依法将信托事务委托他人代理的，应当对他人处理信托事务的行为承担责任。

5. 共同受托人共同行动的义务

受托人可以是一人也可以是数人。当受托人为数人时，原则上受托人应当共同处理信托事务，除非信托契约另有规定。信托法第 31 条规定："同一信托的受托人有两个以上的，为共同受托人。共同受托人应当共同处理信托事务，但信托文件规定对某些具体事务由受托人分别处理的，从其规定。共同受托人共同处理信托事务，意见不一致时，按信托文件规定处理；信托文件未规定的，由委托人、受益人或者其利害关系人决定。"信托法第 32 条规定："共同受托人处理信托事务对第三人所负债务，应当承担连带清偿责任。第三人对共同受托人之一所作的意思表示，对其他受托人同样有效。共同受托人之一违反信托目的处分信托财产或者因违背管理职责、处理信托事务不当致使信托财产受到损失的，其他受托人应当承担连带赔偿责任。"共同受托人之一职责终止的，信托财产由其他受托人管理和处分。

6. 账簿制作义务、报告与保密义务

受托人必须保存处理信托事务的完整记录。受托人应当每年定期将信托财产的管理运用、处分及收支情况，报告委托人和受益人。受托人对委托人、受益人以及处理信托事务的情况和资料负有依法保密的义务。

7. 交付信托利益的义务

受托人以信托财产为限向受益人承担支付信托利益的义务。向受益人交付信托利益是受托人最基本的义务，这一义务是信托关系所派生的，目的是通过受托人执行信托来使受益人受益。受托人的其他义务均服务于此项义务，即信托法要求受托人履行其他各项义务是为了在法律上创造条件，使这一义务得到切实的履行。

8. 填补损失、恢复信托财产的义务

受托人违反信托目的处分信托财产或者因违背管理职责、处理信托事务不当致使信托财产受到损失的，在未恢复信托财产的原状或者未予赔偿前，不得请求给付报酬。受托人因处理信托事务所支出的费用、对第三人所负债务，以信托财产承担。受托人以其固有财产先行支付的，对信托财产享有优先受偿的权利。但是受托人违背管理职责或者处理信托事务不当对第三人所负债务或者自己所受到的损失，以其固有财产承担。

三、受益人

受益人，是指在信托中享有信托受益权的人，是信托利益的最终享有者。受益人可以是自然人、法人或者依法成立的其他组织。需要注意的是，委托人可以是受益人，也可以是同一信托的唯一受益人。受托人可以是受益人，但不得是同一信托的唯一受益人。

（一）受益人的权利

1. 信托受益权

信托受益权，是指受益人取得信托财产上利益的权利，包括转让受益权的权利，以及由此衍生出来的一系列其他权利。信托受益权是一种特殊的财产权，具有债权和物权的双重因素，具有对受托人的监督职能。

受益人自信托生效之日起享有信托受益权。信托文件另有规定的，从其规定。当受益人为两个以上时，为共同受益人。共同受益人按照信托文件的规定享受信托利益。信托文件对信托利益的分配比例或者分配方法未作规定的，各受益人按照均等的比例享受信托利益。

受益人不能清偿到期债务的，其信托受益权可以用于清偿债务，但法律、行政法规以及信托文件有限制性规定的除外。

2. 转让信托受益权

信托法规定，受益人的信托受益权可以依法转让和继承，但信托文件有限制性规定的除外。受益权的转让无须取得受托人的同意，形式比较随意，口头、书面形式均可，但涉及土地等不动产的信托受益权的转让必须采用书面形式。

3. 放弃受益权

受益人可以放弃受益权。全体受益人放弃信托受益权的，信托终止。

部分受益人放弃信托受益权的，被放弃的信托受益权按下列顺序确定归属：

（1）信托文件规定的人；

（2）其他受益人；

（3）委托人或者其继承人。

4. 委托人的知情权、管理方法变更权、撤销权、解任权、赔偿请求权

受益人行使上述权利，与委托人意见不一致时，可以申请人民法院作

出裁定。

（二）受益人的义务

信托法在承认受益人享有很多权利的同时，也规定了受益人承担的义务。其义务主要是：对于受托人在处理信托事务的过程中发生的必要费用，或者在处理信托事务时，非因受托人自己过失所受到的损失负有补偿或者提供相当担保的义务。受益人承担上述义务，以其享有受益权为前提，受益人放弃受益权的，不承担上述义务。

【法条指引】

中华人民共和国信托法（节录）

第二十条 委托人有权了解其信托财产的管理运用、处分及收支情况，并有权要求受托人作出说明。

委托人有权查阅、抄录或者复制与其信托财产有关的信托帐目以及处理信托事务的其他文件。

第二十四条 受托人应当是具有完全民事行为能力的自然人、法人。

法律、行政法规对受托人的条件另有规定的，从其规定。

第二十五条 受托人应当遵守信托文件的规定，为受益人的最大利益处理信托事务。

受托人管理信托财产，必须恪尽职守，履行诚实、信用、谨慎、有效管理的义务。

第二十六条 受托人除依照本法规定取得报酬外，不得利用信托财产为自己谋取利益。

受托人违反前款规定，利用信托财产为自己谋取利益的，所得利益归入信托财产。

第三十条 受托人应当自己处理信托事务，但信托文件另有规定或者有不得已事由的，可以委托他人代为处理。

受托人依法将信托事务委托他人代理的，应当对他人处理信托事务的行为承担责任。

第三十三条 受托人必须保存处理信托事务的完整记录。

受托人应当每年定期将信托财产的管理运用、处分及收支情况，报告委托人和受益人。

受托人对委托人、受益人以及处理信托事务的情况和资料负有依法保密的义务。

第三十五条 受托人有权依照信托文件的约定取得报酬。信托文件未作事先约定的，经信托当事人协商同意，可以作出补充约定；未作事先约定和补充约定的，不得收取报酬。

约定的报酬经信托当事人协商同意，可以增减其数额。

第三十六条 受托人违反信托目的处分信托财产或者因违背管理职责、处理信托事务不当致使信托财产受到损失的，在未恢复信托财产的原状或者未予赔偿前，不得请求给付报酬。

第四十三条 受益人是在信托中享有信托受益权的人。受益人可以是自然人、法人或者依法成立的其他组织。

委托人可以是受益人，也可以是同一信托的唯一受益人。

受托人可以是受益人，但不得是同一信托的唯一受益人。

第四十四条 受益人自信托生效之日起享有信托受益权。信托文件另有规定的，从其规定。

第四十五条 共同受益人按照信托文件的规定享受信托利益。信托文件对信托利益的分配比例或者分配方法未作规定的，各受益人按照均等的比例享受信托利益。

第四十七条 受益人不能清偿到期债务的，其信托受益权可以用于清偿债务，但法律、行政法规以及信托文件有限制性规定的除外。

第四十八条 受益人的信托受益权可以依法转让和继承，但信托文件有限制性规定的除外。

第二节 信托财产制度

【规则要点】

受托人因承诺信托而取得的财产是信托财产。信托财产应当具有合法性，其根本特征在于它的独立性。

【理解与适用】

一、信托财产的概念和范围

受托人因承诺信托而取得的财产是信托财产。受托人因信托财产的管理运用、处分或者其他情形而取得的财产，也归入信托财产。信托财产是作为信托关系的标的归受托人占有并由其为受益人利益而管理或处分的财产，是信托关系得以设立的前提条件。信托的设立过程，本身便是委托人将信托财产转移给受托人并委托其为受益人的利益而对该项财产进行管理或处分的过程。如果不存在信托财产，信托的设立就无从谈起。不仅如此，信托财产还是信托关系赖以生存的物质基础，由信托关系赋予其中各方当事人的权利和义务，特别是受益人的权利与受托人的义务，均与信托财产紧密相连。可以说，信托财产是信托关系的核心。信托法第 7 条规定，设立信托，必须有确定的信托财产，并且该信托财产必须是委托人合法所有的财产。信托法第 11 条第（二）项规定，设立信托，信托财产不能确定的，信托无效。

信托财产实际上由两部分组成：一是来源于委托人的财产，包括委托人承诺的信托财产和委托人事后增加的财产。委托人一旦将属于自己所有或者有权处分的财产委托给受托人，该财产就构成信托财产。二是受托人因信托财产的管理运用、处分或者其他情形而取得的财产。

信托财产应当具有合法性，法律、行政法规禁止流通的财产，不得作为信托财产。但是法律、行政法规限制流通的财产，依法经有关主管部门批准后，可以作为信托财产。

二、信托财产的独立性

信托财产的根本特征在于它的独立性，即信托一旦有效设立，信托财产即从委托人、受托人以及受益人的自有财产中分离出来成为一项独立存在的财产，仅仅服务于信托目的。信托一旦设立，信托财产即自行封闭，与外界隔绝。委托人、受托人、受益人三方中的任何一方的债权人均不得主张以信托财产偿债。

信托财产的独立性体现为：

1. 信托财产与委托人未设立信托的其他财产相区别

设立信托后，委托人死亡或者依法解散、被依法撤销、被宣告破产时，委托人是唯一受益人的，信托终止，信托财产作为其遗产或者清算财产；委托人不是唯一受益人的，信托存续，信托财产不作为其遗产或者清算财产；但作为共同受益人的委托人死亡或者依法解散、被依法撤销、被宣告破产时，其信托受益权作为其遗产或者清算财产。

2. 信托财产与属于受托人所有的财产相区别

信托财产与属于受托人的财产分离，是信托财产独立性的固有要求。各国信托法也对此设立了严密的监控体系。信托法第 16 条规定，信托财产与属于受托人所有的财产（以下简称固有财产）相区别，不得归入受托人的固有财产或者成为固有财产的一部分。受托人死亡或者依法解散、被依法撤销、被宣告破产而终止，信托财产不属于其遗产或者清算财产。

3. 不同的信托财产也应当分开保管

受托人不仅需要把自己的财产与信托财产分开保管，还需要将不同的信托财产分开保管。如果属于金融信托，则应该分别记账。

4. 信托财产抵销的机制

受托人管理运用、处分信托财产所产生的债权，不得与其固有财产产生的债务相抵销。受托人管理运用、处分不同委托人的信托财产所产生的债权债务，不得相互抵销。

5. 信托财产强制执行的限制

在信托关系存续期间，一般债权人，无论是委托人的债权人还是受托人、受益人的债权人，原则上都不得对信托财产请求强制执行。信托法第 17 条规定，除因下列情形之一，对信托财产不得强制执行：

（1）设立信托前债权人已对该信托财产享有优先受偿的权利，并依法行使该权利的；

（2）受托人处理信托事务所产生债务，债权人要求清偿该债务的；

（3）信托财产本身应担负的税款；

（4）法律规定的其他情形。

对于违反上述规定而强制执行信托财产，委托人、受托人或者受益人有权向人民法院提出异议。

6. 信托财产不因混同而消灭

依一般民法概念，当事人间若互有债权债务关系且属同一类债权债务时，两者可以相互抵销。但在信托关系存续期间，属于信托财产的债权与不属于信托财产的债务却不能相互抵销，即不适用民法上的混同原则，以免侵害受益人的利益。

【法条指引】

中华人民共和国信托法（节录）

第十四条 受托人因承诺信托而取得的财产是信托财产。

受托人因信托财产的管理运用、处分或者其他情形而取得的财产，也归入信托财产。

法律、行政法规禁止流通的财产，不得作为信托财产。

法律、行政法规限制流通的财产，依法经有关主管部门批准后，可以作为信托财产。

第十五条 信托财产与委托人未设立信托的其他财产相区别。设立信托后，委托人死亡或者依法解散、被依法撤销、被宣告破产时，委托人是唯一受益人的，信托终止，信托财产作为其遗产或者清算财产；委托人不是唯一受益人的，信托存续，信托财产不作为其遗产或者清算财产；但作为共同受益人的委托人死亡或者依法解散、被依法撤销、被宣告破产时，其信托受益权作为其遗产或者清算财产。

第十八条 受托人管理运用、处分信托财产所产生的债权，不得与其固有财产产生的债务相抵销。

受托人管理运用、处分不同委托人的信托财产所产生的债权债务，不得相互抵销。

第三节 信托的设立、变更和终止

【规则要点】

信托的设立方式主要有三种，即因法律行为而设立、因法律的直接规定而设立以及通过法院的推定而设立。信托行为只有满足以下有效要件才能成立：当事人合格、信托目的合法、确定合法的信托财产、采取书面形式设立信托、办理登记手续。信托变更包括主体的变更、内容的变更、客体的变更。当委托人在设定信托行为中指示的财产管理目的实现或已经无法实现或其他信托终止的规定事由发生时，其作为法律存在而存续的根据即丧失，信托当然终止。

【理解与适用】

一、信托的设立

（一）信托设立的方式

不同性质的信托，其设立方式也不同。总体上看，信托的设立方式主要有三种，即因法律行为而设立、因法律的直接规定而设立，以及通过法院的推定而设立。但绝大多数的信托是通过当事人之间的法律行为设立的。法定设立和推定设立实际上只是起到一种补充作用。这里我们主要介绍因法律行为而设立的信托。

信托可以因一定的民事法律行为而设立。就信托而言，这种法律行为要求目的正确、当事人主体资格合法、内容不违反法律、意思表示真实、形式要件合法等。

1. 因当事人订立契约而设立

契约实际上就是合同，是当事人设立、变更、终止民事权利义务关系的协议。根据信托法第 8 条的规定，设立信托，应当采取书面形式。书面形式包括信托合同、遗嘱或者法律、行政法规规定的其他书面文件等。采取信托合同形式设立信托的，信托合同签订时，信托成立。采取其他书面形式设立信托的，受托人承诺信托时，信托成立。

其书面文件应当载明下列事项：

（1）信托目的；

（2）委托人、受托人的姓名或者名称、住所；

（3）受益人或者受益人范围；

（4）信托财产的范围、种类及状况；

（5）受益人取得信托利益的形式、方法。

此外，可以载明信托期限、信托财产的管理方法、受托人的报酬、新受托人的选任方式、信托终止事由等事项。

2. 因当事人的遗嘱而设立

委托人可以通过立遗嘱的方式就自己的遗产设立信托，此种信托称为遗嘱信托。设立遗嘱信托，应当遵守继承法关于遗嘱的规定。遗嘱指定的人拒绝或者无能力担任受托人的，由受益人另行选任受托人；受益人为无民事行为能力人或者限制民事行为能力人的，依法由其监护人代行选任。遗嘱对选任受托人另有规定的，从其规定。

（二）信托设立的有效要件

信托行为只有满足有效要件才能成立。依据信托法，信托行为有效条件如下：

1. 当事人合格

信托法律关系涉及三方主体，因此当事人的资格也要分别从委托人、受托人和受益人处考察。对于委托人而言，信托是发生在委托人和受托人之间的行为，因此委托人须有缔约能力。信托法第 19 条规定，委托人应当是具有完全民事行为能力的自然人、法人或者依法成立的其他组织。受托人是接受委托人的委托并负责管理或者处分信托财产的人，他应当具有一定的理财能力，因此必须具备完全民事行为能力。信托法第 24 条规定，受托人应当是具有完全民事行为能力的自然人、法人。法律、行政法规对受托人的条件另有规定的，从其规定。受益人是在信托中享有信托权益的人。受益人可以是自然人、法人或者依法成立的其他组织。受益人是取得信托利益的人，但不是信托契约的当事人，因此其资格的取得与是否具有民事行为能力无关。此外，根据信托法第 43 条第 2 款、第 3 款的规定，委托人可以是受益人，也可以是同一信托的唯一受益人。受托人可以是受益人，但不得是同一信托的唯一受益人。

2. 信托目的合法

设立信托，必须有合法的信托目的。委托人实施信托行为都有一定的目的，只有在其目的不违反法律规定时，信托行为才有效。信托目的主要有三种：私益信托、公益信托和目的信托。信托目的违反法律、行政法规或者损害社会公共利益的，专以诉讼或讨债为目的设立信托的，信托无效。

3. 确定合法的信托财产

信托财产的合法要满足两个要求：一是信托财产在转移前必须确定存在且属于委托人所有或者有权支配处分，而委托人必须将该财产有效转移给受托人。设立信托，必须有确定的信托财产，并且该信托财产必须是委托人合法所有的财产，包括合法的财产权利。信托财产不能确定或者委托人以非法财产或者依法不得设立信托的财产设立信托的，信托无效。此外，信托的成立必须以财产权的有效移转为要件，即委托人必须将财产转移给受托人，使受托人成为信托财产的名义上的所有权人，以便其实施管理和处分。

4. 行为的要式性

设立信托，应当采取书面形式。书面形式包括信托合同、遗嘱或者法律、行政法规规定的其他书面文件等。采取信托合同形式设立信托的，信托合同签订时，信托成立。采取其他书面形式设立信托的，受托人承诺信托时，信托成立。

5. 登记生效

设立信托，对于信托财产，有关法律、行政法规规定应当办理登记手续的，应当依法办理信托登记。未依照规定办理信托登记的，应当补办登记手续；不补办的，该信托不产生效力。

（三）信托无效的情形

有下列情形之一的，信托无效：

（1）信托目的违反法律、行政法规或者损害社会公共利益；

（2）信托财产不能确定；

（3）委托人以非法财产或者依法不得设立信托的财产设立信托；

（4）专以诉讼或者讨债为目的设立信托；

（5）受益人或者受益人范围不能确定；

（6）法律、行政法规规定的其他情形。

二、信托的变更

（一）主体变更

1. 委托人的变更

委托人是唯一受益人的，委托人或者其继承人可以解除信托。信托文件另有规定的从其规定。委托人的变更，是指委托人地位的继承，委托人的地位可以由其继承人继承。

2. 受益人的变更

设立信托后，有下列情形之一的，委托人可以变更受益人或者处分受益人的信托受益权：

（1）受益人对委托人有重大侵权行为；

（2）受益人对其他共同受益人有重大侵权行为；

（3）经受益人同意；

（4）信托文件规定的其他情形。

有上述第（1）项、第（3）项、第（4）项所列情形之一的，委托人可以解除信托。

3. 受托人的变更

信托是委托人基于对受托人的信任而设立的。受托人违反信托目的处分信托财产或者管理运用、处分信托财产有重大过失的，委托人有权依照信托文件的规定解任受托人，或者申请人民法院解任受托人。

（二）内容变更

由于出现委托人所不知或者无法预见的事由，致使信托条款的履行无法实现信托目的，或将使信托目的遭受重大损失，委托人有权要求变更信托条款，使信托法律关系的内容变更，即信托主体原来享有的权利与承担的义务将发生一定的变化。

（三）客体的变更

客体的变更，是指信托财产的变更。信托财产可因委托人的追加财产而增加，也可因受托人的管理不善而减少。

原则上，信托关系一经成立，即对信托当事人产生法律约束力。对于有效设立的信托，当事人应当全面履行各自的义务，任何一方当事人不得擅自变更或者解除信托关系。但是在特定情形下，委托人、受托人和受益人享有信托变更权。具体如下：

1. 委托人的变更权

通常情况下，委托人可以通过在信托文件中保留变更权的方式来行使变更权，否则，委托人不得变更信托。信托法在这一国际通例之外，还规定了委托人可以变更信托的两种情况。即在中国，委托人可以根据法律的明文规定和信托文件中的保留条款来行使自己的变更权。

2. 受托人的变更权

原则上，受托人没有变更权。但是，如果委托人在信托文件中授予了受托人以变更信托的权利，则受托人可以在授权范围内变更信托。即受托人的变更权源于委托人的授权。

3. 受益人的变更权

原则上，受益人享有变更信托的权利。作为信托利益的享有者，受益人可以为了自己的利益而变更信托。

但受益人变更信托必须满足一定的条件：

第一，受益人必须具备民事行为能力；

第二，如果受益人是数人，则必须经过全体受益人一致同意，未经全体受益人一致同意，不得变更信托。

三、信托的终止

当委托人在设定信托行为中指示的财产管理的目的实现时，或已经无法实现时，或其他信托终止的规定事由发生时，其作为法律存在而存续的根据丧失了，信托当然终止。

（一）信托终止的原因

信托因下列原因终止：

（1）信托文件规定的终止事由发生；

（2）信托的存续违反信托目的；

（3）信托目的已经实现或者不能实现；

（4）信托当事人协商同意；

（5）信托被撤销；

（6）信托被解除。

此外，信托不因委托人或者受托人的死亡、丧失民事行为能力、依法解散、被依法撤销或者被宣告破产而终止，也不因受托人的辞任而终止。但信托法或者信托文件另有规定的除外。

（二）信托终止的法律后果

1. 信托财产的权利归属人

信托终止的，信托财产归属于信托文件规定的人；信托文件未规定的，按下列顺序确定归属：

（1）受益人或者其继承人；

（2）委托人或者其继承人。

2. 权利归属人的权利保全

依照前述规定，信托财产的归属确定后，在该信托财产转移给权利归属人的过程中，信托视为存续，权利归属人视为受益人。因为信托关系虽已终止，但在自终止之时起至对信托财产的移交办理完毕之时止的这段时间内，信托仍视为继续存在，受托人仍应负管理信托财产与处理信托事务的责任，在此过程中所产生的受益权，同样应当交付给归属权利人。

3. 信托财产的债务归属

信托终止后，人民法院依法对原信托财产进行强制执行的，以权利归属人为被执行人。

4. 受托人报酬与费用补偿权

信托终止后，受托人依照规定行使请求给付报酬、从信托财产中获得补偿的权利时，可以留置信托财产或者对信托财产的权利归属人提出请求。

5. 清算报告

信托终止的，受托人应当作出处理信托事务的清算报告。受益人或者信托财产的权利归属人对清算报告无异议的，受托人就清算报告所列事项解除责任。但受托人有不正当行为的除外。

【相关案例】

吉林省建苑设计集团有限公司、四川信托有限公司信托纠纷案

2012年9月30日，吉林省建苑设计集团有限公司（以下简称吉林建苑公司）召开董事会，决定以自有资金3000万元信托给四川信托有限公司（以下简称四川信托），用于向众诚公司发放流动资金贷款项目，并于2012年11月20日，吉林建苑公司与四川信托签署《信托合同》。后双方发生信托纠纷，吉林建苑公司于2016年向成都市中级人民法院起诉，主张四川信托违反信托目的处分信托财产、因违背管理职责、处理信托事务不当致使信托财产受到损失，请求法院判令四川信托向吉林建苑公司返还信托报酬、赔偿损失。

本案经过一审、二审，最后由最高人民法院再审，认定吉林建苑作为理性的商事主体，在合同已经约定由其自行判断并承担风险的情况下，应当认真审查投资风险，其主张依据四川信托出具的《尽职调查报告》和第一季度管理报告书即决定将案涉信托贷款发放给众城公司，并未及时调整

投资方向，依据不足。对吉林建苑公司关于四川信托返还信托报酬、赔偿损失的诉讼主张不予支持。

【法条指引】

中华人民共和国信托法（节录）

第六条 设立信托，必须有合法的信托目的。

第七条 设立信托，必须有确定的信托财产，并且该信托财产必须是委托人合法所有的财产。

本法所称财产包括合法的财产权利。

第八条 设立信托，应当采取书面形式。

书面形式包括信托合同、遗嘱或者法律、行政法规规定的其他书面文件等。

采取信托合同形式设立信托的，信托合同签订时，信托成立。采取其他书面形式设立信托的，受托人承诺信托时，信托成立。

第五十条 委托人是唯一受益人的，委托人或者其继承人可以解除信托。信托文件另有规定的，从其规定。

第五十一条 设立信托后，有下列情形之一的，委托人可以变更受益人或者处分受益人的信托受益权：

（一）受益人对委托人有重大侵权行为；

（二）受益人对其他共同受益人有重大侵权行为；

（三）经受益人同意；

（四）信托文件规定的其他情形。

有前款第（一）项、第（三）项、第（四）项所列情形之一的，委托人可以解除信托。

第五十二条 信托不因委托人或者受托人的死亡、丧失民事行为能力、依法解散、被依法撤销或者被宣告破产而终止，也不因受托人的辞任而终止。但本法或者信托文件另有规定的除外。

第五十八条 信托终止的，受托人应当作出处理信托事务的清算报告。受益人或者信托财产的权利归属人对清算报告无异议的，受托人就清算报告所列事项解除责任。但受托人有不正当行为的除外。

第四节　公益信托

【规则要点】

公益信托（慈善信托），是指出于公共利益的目的，为使社会公众或者一定范围内的社会公众受益而设立的信托。中国鼓励发展公益信托。公益信托的设立应当遵守信托法关于信托设立的有关规定。公益信托也需要依法进行变更或者终止。公益信托终止的，依法对信托财产进行处理。公益信托事关公共利益，所以在公益信托中设置信托监察人，加强对公益信托的监督。

【理解与适用】

一、公益信托概述

公益信托通常由委托人提供一定的财产设立，由受托人管理信托财产，并将信托财产用于信托文件指定的公益目的。

公益信托有利于发展社会公益事业，促进社会进步。出于对人民利益的高度关怀和利用信托制度发展公益事业的考量，信托法第 61 条明确规定："国家鼓励发展公益信托。"为了保证公益信托的公益目的得以真正实现，促进公益事业发展，防止公益基金不当使用，信托法第63 条规定，公益信托的信托财产及其收益，不得用于非公益目的。

根据信托法的规定，为了下列公共利益目的之一而设立的信托，属于公益信托：

（1）救济贫困；

（2）救助灾民；

（3）扶助残疾人；

（4）发展教育、科技、文化、艺术、体育事业；

（5）发展医疗卫生事业；

（6）发展环境保护事业，维护生态环境；

（7）发展其他社会公益事业。

二、公益信托的设立、变更和终止

（一）公益信托的设立

公益信托是为社会公益目的而设立的他益信托，虽然有其特殊性，但它仍属于信托的一种。因此，公益信托的设立应当遵守信托法关于信托设立的有关规定。除了符合信托法规定的信托设立的一般要件外，还应当满足公益目的这一实质要件的要求。信托法规定，公益信托的设立和确定其受托人，应当经有关公益事业的管理机构（以下简称公益事业管理机构）批准。未经公益事业管理机构的批准，不得以公益信托的名义进行活动。公益事业管理机构对于公益信托活动应当给予支持。

（二）公益信托的变更

1. 受托人的变更

公益信托的受托人违反信托义务或者无能力履行其职责的，由公益事业管理机构变更受托人。

2. 信托内容的变更

公益信托成立后，发生设立信托时不能预见的情形，公益事业管理机构可以根据信托目的，变更信托文件中的有关条款。

（三）公益信托的终止

1. 公益信托终止的事由

对于公益信托的终止，信托法没有明确的规定。根据信托法第 59 条规定："公益信托适用本章规定。本章未规定的，适用本法及其他相关法律的规定。"因此，公益信托的终止原因可以借鉴一般信托终止的情形，即有下列情形之一的，信托终止：

（1）信托文件规定的终止事由发生；

（2）信托的存续违反信托目的；

（3）信托目的已经实现或者不能实现；

（4）信托被撤销。

2. 公益信托终止的效果

公益信托终止的，受托人应当于终止事由发生之日起 15 日内，将终止事由和终止日期报告公益事业管理机构。同时，公益信托终止后，受托人应制作处理信托事务的清算报告。受托人作出的处理信托事务的清算报告，应当经信托监察人认可后，报公益事业管理机构核准，并由受托人予以公告。

公益信托终止后，信托财产应按以下规则处理：没有信托财产权利归属人或者信托财产权利归属人是不特定的社会公众的，经公益事业管理机构批准，受托人应当将信托财产用于与原公益目的相近似的目的，或者将信托财产转移给具有近似目的的公益组织或者其他公益信托。

三、公益信托的监管

（一）监察人

与私益信托从成立时就有明确规定的受益人不同，公益信托事关公共利益，且受益人多为一般社会大众，因此公益信托在执行过程中受益人范围比较广泛，由广大的受益人直接对受托人的信托活动进行监察就变得难以操作。所以在公益信托中设置信托监察人，加强对公益信托的监督，保证公益信托目的的实现，保护社会公众的利益。信托监察既是受益人利益的代表，又是对受托人的信托活动实施监督的人。为此，信托法第64条规定："公益信托应当设置信托监察人。信托监察人由信托文件规定。信托文件未规定的，由公益事业管理机构指定。"

对于监察人的权利问题，信托法第65条规定，信托监察人有权以自己的名义，为维护受益人的利益，提起诉讼或者实施其他法律行为。

（二）监察的具体监管措施

根据信托法规定，对公益信托的监管措施如下：

（1）公益信托的受托人未经公益事业管理机构批准，不得辞任。

（2）公益事业管理机构应当检查受托人处理公益信托事务的情况及财产状况。受托人应当至少每年一次作出信托事务处理情况及财产状况报告，经信托监察人认可后，报公益事业管理机构核准，并由受托人予以公告。

（3）公益信托的受托人违反信托义务或者无能力履行其职责的，由公益事业管理机构变更受托人。

（4）公益信托成立后，发生设立信托时不能预见的情形，公益事业管理机构可以根据信托目的，变更信托文件中的有关条款。

【风险提示】

根据信托法第 22 条、第 36 条的规定，委托人要求受托人赔偿至少需要符合两个前提：一是受托人违反信托目的处分信托财产或者因违背管理职责、处理信托事务不当，二是该行为致使信托财产受到损失。

【法条指引】

中华人民共和国信托法（节录）

第六十条　为了下列公共利益目的之一而设立的信托，属于公益信托：

（一）救济贫困；

（二）救助灾民；

（三）扶助残疾人；

（四）发展教育、科技、文化、艺术、体育事业；

（五）发展医疗卫生事业；

（六）发展环境保护事业，维护生态环境；

（七）发展其他社会公益事业。

第六十一条　国家鼓励发展公益信托。

第六十二条　公益信托的设立和确定其受托人，应当经有关公益事业的管理机构（以下简称公益事业管理机构）批准。

未经公益事业管理机构的批准，不得以公益信托的名义进行活动。

公益事业管理机构对于公益信托活动应当给予支持。

第六十四条　公益信托应当设置信托监察人。

信托监察人由信托文件规定。信托文件未规定的，由公益事业管理机构指定。

第六十六条　公益信托的受托人未经公益事业管理机构批准，不得辞任。

第六十七条　公益事业管理机构应当检查受托人处理公益信托事务的情况及财产状况。

受托人应当至少每年一次作出信托事务处理情况及财产状况报告，经信托监察人认可后，报公益事业管理机构核准，并由受托人予以公告。

第六十八条 公益信托的受托人违反信托义务或者无能力履行其职责的，由公益事业管理机构变更受托人。

第六十九条 公益信托成立后，发生设立信托时不能预见的情形，公益事业管理机构可以根据信托目的，变更信托文件中的有关条款。

第七十一条 公益信托终止的，受托人作出的处理信托事务的清算报告，应当经信托监察人认可后，报公益事业管理机构核准，并由受托人予以公告。

第七十二条 公益信托终止，没有信托财产权利归属人或者信托财产权利归属人是不特定的社会公众的，经公益事业管理机构批准，受托人应当将信托财产用于与原公益目的相近似的目的，或者将信托财产转移给具有近似目的的公益组织或者其他公益信托。